ポケットMBA

財務諸表分析

ゼロからわかる読み方・活かし方

PHP
Business Shinsho

GLOBIS
グロービス［著］
Masaki Mizoguchi
溝口　聖規［執筆］

JN150394

PHPビジネス新書

はじめに

　私は、公認会計士として企業の会計監査、コンサルティング業務を行なうかたわら、グロービス経営大学院でアカウンティングのクラスを担当し、毎年約５００人の社会人学生と接しています。

　ＭＢＡコースの受講生の中にも、「会計は苦手……」という人は少なくありません。

「これまで避けてきたけれど今後のキャリアを考えるとやむなく受講を決意しました」

「元来、数字に弱くて……」

「細かいルールや専門用語を覚えるのが大変」

「会社の年次研修で会計、簿記を勉強したことはあるけれど、その後使う機会がなく、ほとんど忘れてしまった」

　など、謙遜まじりだとは思いますが、多くの方が苦手意識をにじませたコメントをするのも事実です。

こうした事例からもうかがえるように、日本の経済社会では、経理部など数字に関わる専門部署を除く一般のビジネスパーソンにとって、会計（アカウンティング）は疎遠な分野という認識をしている方が多いように思います。

しかし、会計とは本来、ビジネスにおけるコミュニケーションツールです。たとえば、会社の経営者は株主からの出資など社外から調達した資金を、一定期間にどのように事業に使って成果を出したのか、社内外へ向けて定期的に説明する責任があります。説明をすべて言葉で行なうのは物理的にも大変ですし、そもそも言葉だけではニュアンスが正確に伝わらない、あるいは聞き手が誤解する可能性もあります。そのため、会計によって作成された数字（財務諸表）を使ってコミュニケーションをとることが、情報の伝達と理解には有効となるのです。この点をとっても、経営者や経営者を目指す方々にとって、会計の理解は必要不可欠であるといえます。


では、どうして会計に対して苦手意識を持つ人が多いのでしょうか。1つには、いざ会計を勉強するとなると、1から全部を理解しないといけないと重く受け止めすぎている人が多いように思います。ハードルを高く設定してしまうために、かえって自身を会計から遠ざけてしまっているのです。

私は、よくアカウンティングを携帯電話にたとえます。どういう仕組みで通話やメールができるのか、説明できなくても通常困ることはありません。普段自分が必要とする機能の使い方を知っていれば十分でしょう。会計も同じです。会計の細かいルールまで知らなくても、基本的な考え方や、「財務諸表のこの部分にこういう数字が表れていたら注意したほうがいい」といった見るべきポイントを押さえておけば、十分数字は読めるのです。

私はグロービスでの講義を通じて、数字の作り手ではなく、数字の使い手を対象として、詳細な知識ではなく会計の基本的なコンセプトを押さえて、数字から会社の業績や財務内容を把握し、その情報を自身の将来の意思決定に活用する、そのために必要な会計の知識と考え方を伝えています。

本書は、グロービスのアカウンティングクラスで展開している内容をベースに、会計に興味はあるがどう勉強したらいいかわからない方、財務諸表の数字から会社の良し悪しをどのように読みとったらいいか知りたい方、ある程度簿記などの会計知識はあるが会計の基本的な知識を体系的に勉強したい方、などにとって役立つ内容になっています。

本書の構成は、大きく第1部「財務諸表の理解編」と、第2部「財務諸表の活用編」に分かれています。前半の「財務諸表の理解編」では、会計は意外に身近な存在であることを理解したうえで（第1章）、会計の基本的なルールと代表的な財務諸表である損益計算書（P／L）、貸借対照表（B／S）、キャッシュ・フロー計算書の構造とポイントを理解します（第2章〜第6章）。

第2部「財務諸表の活用編」では、まず、財務諸表から会社の業績などを評価する際の便利なツールである「財務指標」の種類と意味を理解します（第7章）。そして、財務指標を活用しながら、実際の会社の例を用いて数字の読み方を理解します（第8章）。

その際、単に財務指標の数値の優劣ではなく、なぜそのような数値になっているのかを会社の事業の特性やビジネスモデルと関連付けて理解していきます。

また、有価証券報告書など会社が定期的に公表する情報には、実は財務諸表以外にも会社の業績や財産の状況を知るための有用な情報が含まれています。これら財務諸表以外の有用な情報の内容について事例を用いながら理解します（第9章）。最後には、最近の会計の動向と題して、ＩＦＲＳ（国際財務報告基準）の概要、ＩＦＲＳと日本（会計）基準との主要な相違点や日本の会社のＩＦＲＳの採用状況などについて理解します（第10章）。

本書は、経営者など数字の使い手の立場として必要となる会計の基本的な知識から、具体的な数字の読み方まで1冊でカバーした内容となっています。1冊に多くの情報を盛り込むため、会計のルールや規定については基本的なルールなどに留め、例外的ルールや規定など詳細な点はあえて省略しています。興味を持った分野のより詳細な知識を求める読者は、専門的な書籍に当たるきっかけにしていただければと思います。

さて、そろそろクラス開講の時間です。会計のクラスを一緒に楽しみましょう。本書を読まれたあとに、会計に対する興味が湧いた、勉強してみようかなといった気持ちの変化があれば幸いです。

［ポケットMBA］財務諸表分析◆目次

はじめに　3

―第1部―　財務諸表の理解編

第1章　会計は身近な存在

個人の生活も「会計」で表せる　18
事業を「定量化」するメリットとは？　23
「財務3表」をざっくり理解してみよう　25

第2章　日常の取引は財務諸表にどう表れるか

企業活動を「ボックス図」で表す　30
ボックス図から「P／L」「B／S」が見えてくる　38
P／LとB／Sはどんな関係？　40

第3章 P／Lの構造とポイント

P／Lにはいくつかの「利益」が存在する　48
さまざまな利益の種類と意味　50
費用にもいくつかの種類がある　54
売上はいつ計上されるのか？　56
「外部環境の影響」で収益も変わる　59
「営業外収益」はどう考えるべき？　61
P／Lはどこから見ればよいのか？　64
P／Lから事業活動を分析する　66

第4章 B／Sの構造とポイント

B／Sが示すのは、おカネの「使い道」と「調達法」　72
「流動」と「固定」の違いは何？　75
B／Sはどこから見ればよいのか？　77

B／Sの項目はすべて知らなくても良い？　80
資産や負債の金額は何で決まるのか　89
純資産って全部株主からの出資なの？　90

第5章　会計ルールを「選択」する

会計ルールには選択の余地がある　94
減価償却とは何か　94
「定額法」と「定率法」——2つの減価償却法　97
たな卸資産を評価する「3つ」の方法　98
どこを見れば、採用されている会計ルールがわかる？　103
経営における留意点とは？　107

第6章　キャッシュ・フロー計算書の構造とポイント

キャッシュ・フロー計算書とP／Lは何が違うのか？　110
3つのキャッシュ・フローを押さえる　112

キャッシュ・フロー計算書、4つの見るべきポイント　115
実際にキャッシュ・フロー計算書を読んでみよう　120
キャッシュ・フロー計算書にも色々ある　123
運転資本とは「ビジネスを継続していくのに必要なおカネ」　129
事業成長の時こそ、運転資本に注意！　132

―第2部― 財務諸表の活用編

第7章 財務指標の種類とポイント

財務指標で会社を比較・分析する　138
【財務指標の使い方①】成長性分析　141
【財務指標の使い方②】収益性分析　143
【財務指標の使い方③】効率性分析　147
【財務指標の使い方④】安全性分析　152

【財務指標の使い方⑤】総合力分析 160
純資産、自己資本、株主資本の違いとは？ 164
ROAとROEの違いとは？ 168
財務指標分析の留意点 169
その他の財務指標 171
ROEはどうやって高めればいい？ 177

第8章

実例で見る財務諸表分析

財務諸表分析をする前に 182
【財務諸表分析①】成長性分析 184
【財務諸表分析②】収益性分析 188
【財務諸表分析③】効率性分析 190
【財務諸表分析④】安全性分析 194
【財務諸表分析⑤】セグメント情報による分析 198

【財務諸表分析⑥】総合力（ROE）分析　202
「収益性分析」をさらに掘り下げる　205
「効率性分析」をさらに掘り下げる　207
分析の心がまえ　210

第9章 財務諸表以外の財務データの活用

有価証券報告書は情報の宝庫　214
セグメント情報で業績を詳細に把握する　215
将来情報で未来の影響をチェックする　218
コーポレートガバナンスとは何か？　220
財務諸表本編には現れない「こわい」情報　221

第10章 会計ルールのグローバルスタンダード

会計の世界も「グローバル化」が進んでいる　228
IFRSをめぐる世界と日本の動き　230

アドプションとコンバージェンスとは？　233
ＩＦＲＳの４つの特徴　234
日本の会計ルールとの大きな違いは？　238
日本における導入状況と導入のねらい　240
日本におけるＩＦＲＳの適用事例　244

おわりに　250

—第1部—

財務諸表の理解編

第1章　会計は身近な存在

第2章　日常の取引は財務諸表にどう表れるか

第3章　P／Lの構造とポイント

第4章　B／Sの構造とポイント

第5章　会計ルールを「選択」する

第6章　キャッシュ・フロー計算書の構造とポイント

第1章

会計は身近な存在

▼個人の生活も「会計」で表せる

はじめは、いきなり難しい会計の話に入らずに、身近な例としてある青年の日常生活を使って会計をとらえてみたいと思います。

大学を卒業して大手家電メーカーに就職が決まったA君。これから自分も社会人か、と期待に胸を膨らませています。彼の3月下旬からの1カ月の行動を追いかけてみましょう。

〈3月25日〉
大学の卒業式。卒業祝いとして両親・祖父母から15万円を得ました。

〈3月27日〉
学生時代に乗っていた自動車を中古車業者に売却し、同時に全額オートローンを組んで250万円の新車を購入しました。ローンは5年払い（全60回・2万5000円／月・10万円／ボーナス・初回支払いは5月10日）としました。

〈3月31日〉

大手家電量販店で家電製品を計10万円分購入し、クレジットカードで支払いました（1回払い・5月10日引き落とし）。また、身の回りの日用品を合計5万円購入しました（現金支払）。

〈4月1日〉

入社式。前日に会社所有の従業員寮に入寮しました（寮費4万円／月・給与から天引き）。

〈4月15日〉

気がつくと手元に現金が3万円しかありません。給料日まで心もとないので父親に支援を求めることにしました。父親は「出世払い」との名目でしぶしぶ10万円を援助してくれました。

〈4月25日〉

初給料。手取りは15万円。思ったよりも少ない額でしたが、「自分への投資」との思いで、パソコンの更新を決意します。最新式のパソコンを25万円で購入することを検討していますが、もはや父親に頼むのは難しいと思案しています。その時ふと、A君は東京に親戚のおじさんがいることを思い出しました。

「これまであまり近い付き合いはなかったけれど、この際だ。親戚のおじさんを頼ってみよう。就職を機に上京したことだし、今後は自分もいろいろと力になれることがあるかもしれない」

と、資金援助を頼むことにしました。

さて、みなさんがA君の親戚のおじさんだとしたら、この依頼に対してどのように対応しますか。

仮におカネを融通するとしても、A君に問いただしておくことがあるのではないでしょうか。甥っ子ならば理由を聞かずに黙って貸す、という人もいるかもしれませんが、ここはもう少し冷静に考えてみてください。

おカネは大切なものです。他人におカネを貸す場合に気になることは何ですか。何といっても、貸したおカネが（利息とともに）きちんと返済されるかどうかだと思います。

おカネを貸す前にA君に確認しておくべき具体的な点としては、現在の収入、借金、おカネの使い方、毎月いくら使っていくら残るのか、返済する際の計画、などが考えられます。

一般に、おカネの返済の仕方（返済するおカネをどのように調達するか）には2通りあります。1つは、毎月、毎年の収入、稼ぎ（フロー）から返済する方法です。もう1つは、所有する土地や建物などの資産（ストック）を売却するなどして返済する方法です。

A君の例では、毎月の給料や生活費が「フロー」に当たり、車やローンは「ストック」に当たります。A君はいくらかストックを持っているとはいえ、これを売って返済に充てるというのはあまり現実的ではありません。やはり返済の裏付けとしては、毎月の収入や費用の情報が気になるのではないかと思います。

また、今回借りるおカネの使い道はどうでしょうか。銀行から融資を受ける際もおカネの使い道（使途）は問われます。これは、興味本位で聞いているのではありません。

仮に、今回の融資が将来のための自己投資、たとえば、ビジネススクールに通うなり業務に必要な資格取得なりのために費やされるとしたらどうでしょう。この場合、A君のスキルアップにつながり、社内での評価も上がる可能性が高まるでしょう。結果として昇格、昇給、つまりは収入が増えて融資したお金が返済される可能性も高まります。

一方、遊興費に使われるとしたらどうでしょうか。この場合、いわずもがなですが、融資したおカネが返済されないリスクが高まります。つまり、使い方、使途について聞くことも、究極的にはA君のフローとストックが増加するか減少するかを聞いていることになります。

詳細は後述しますが、この例でフロー、つまり「一定期間のお金の流れ」に区分したものが会計では損益計算書に含まれます。一方、ストック、つまり「一定時点の資産と負債の持ち高」と区分したものが貸借対照表に含まれます。

このように、個人の日常生活も会計で表現することができます。アカウンティング、簿記、会計というと会社で必要になるものであり、個人には関係がないと思われがちですが、意外と個人の生活にも関係する身近なものだという感覚を持っていただければと思います。

▼事業を「定量化」するメリットとは？

次は、みなさんが経営者だとしましょう。「事業はうまくいっていますか」と聞かれたら、どう答えますか。そもそも、何をもってうまくいっているとするか、という定義について議論の余地はありますが、ここでは利益が出ている（儲かっている）かどうかを基準とします。

人によっては大して儲かっていなくても「儲かっている」と答えるでしょうし、かなり儲かっていても「まだまだ儲かっているとはいえません」と答える、控えめな経営者もいるかもしれません。

つまり、答える側の主観によって回答が変わります。世間話ではそれでもよいのですが、会社に出資している株主や融資をしている金融機関が相手であると、そうはいきません。主観によらず客観的にいくら儲けたのか、利益を出したのかを定量的に示す必要があります。

会計には、会社（経営者）とおカネを介して、利害が対立する立場の人々との利害調整に役立つという機能があります。会社には、さまざまな立場で会社と関係を持つ人たちがいます。株主、金融機関、取引先、従業員などです。このような会社と利害関係を持つ人たちを総称してステークホルダーといいます。昨今では、企業のCSR（Corporate Social Responsibility：企業の社会的責任）という言葉が定着・浸透し、具体的な取り組みも盛んになっていることから、社会全般もステークホルダーとなってきています。

経営者は、これらのステークホルダーに対して、預かったおカネ、融資されたおカネをどのように活用し、いくら増やしたかを定期的に報告する責任があります。これを経営者のアカウンタビリティ（説明責任）といいます。

外部のステークホルダーは、会社の財政状態を適切に判断するだけの情報を常に入手できるとは限りません（実際には、十分な情報を入手するのは難しい場合が多い）。そこで、経営者が会計を通じてアカウンタビリティを果たすことで初めて、外部のステークホルダーは会社の業績や財政状態を適切に把握することができ、その結果、会社との関係を継続するか、あるいは解消するかといった意思決定をすることができるのです。

▼「財務3表」をざっくり理解してみよう

会社がステークホルダーに業績や財政状態を発表するための様式は、きちんと決まっています。それが「財務諸表」です。「決算書」などの呼び方もありますが、本書では「財務諸表」という呼び方に統一します。

財務諸表には、貸借対照表、損益計算書、キャッシュ・フロー計算書、株主資本等変動計算書が含まれますが（及びこれらに関する注記情報も含む）、本書では、一般的に財務3表といわれて、とくに注目される度合の大きい、貸借対照表、損益計算書、キャッシュ・フロー計算書の3つを取り上げます。

まずは、この3つの財務諸表がそれぞれ何を表すのかざっくりと理解しましょう。

1. 貸借対照表(Balance Sheet：B／S)

一定時点（例：決算日）でいくらの資産を保有しているか、持ち高を表す資料です。

注意したいのは、この場合、資産には借金などのマイナスの資産（負債）も含まれるということです。たとえば、100の家屋（資産）と50の住宅ローン（負債）を保有する場合は、差し引きで50の正味の資産を保有していることになります。

2．損益計算書(Profit and Loss Statement：P／L)

一定期間（例：1年間）でいくら儲かったかを表す資料です。

3．キャッシュ・フロー計算書(Statement of Cash Flow)

一定期間（例：1年間）でどのようにおカネを増減させたかを表す資料です。

損益計算書とキャッシュ・フロー計算書とは、いずれも一定期間のフローを表すという点で似ています。この2つの違いは、P／Lは儲け（利益）を表し、キャッシュ・フロー計算書はおカネを表す、という点です。

読者の方の中には「儲け（利益）とおカネって何が違うの？」と思う方もいらっしゃるかもしれません。実は、儲け（利益）とおカネは違います。この違いについては、のちほど、キャッシュ・フロー計算書の章（第6章）で説明したいと思います。

財務諸表と聞くと、何やら難解なことを表しているように感じるかもしれませんが、要するに、一定時点の資産持ち高と一定期間の儲けとおカネの増減額です。実は財務諸表が表す意味は至ってシンプルなのです。

第2章

日常の取引は財務諸表にどう表れるか

貸借対照表（以下、Ｂ／Ｓ）、損益計算書（以下、Ｐ／Ｌ）の詳細な説明に入る前に、まずは感覚的に取引によってどのように財務諸表が変化するかを考えてみましょう。

▼企業活動を「ボックス図」で表す

細かいルールはさておいて、企業活動を２つに分けて考えることにします。１つは資金の調達と獲得、もう１つは資金の使途です。そして、資金の調達・獲得は「右側」、資金の使途は「左側」に表します。この関係を図示したのが、図２－１の「ボックス図」です。

たとえば、商品を買う、得る、購入する。表現はいろいろありますが、商品という資産を得るということは、その代償としておカネを支払うことになります。つまり、商品を購入するということは「資金の使途」と考えますので左側に表します。同様に、家賃などの経費もおカネを支払っている、つまりおカネの使途ですので、左側です。

一方で、銀行から融資を受けるとその結果、会社へおカネが入ってきます。つまり融資は「資金の調達・獲得」に当たるので右側に表します。同様に、売上もそれによって会社

図２－１

資金の使途	資金の調達・獲得
購入したモノ	株主から調達
例）商品、建物、株券	例）資本金、資本剰余金
利用したモノやサービス	債権者から調達
例）売上原価、広告宣伝費	例）借入金、社債
未回収の代金	仕入先から調達
例）売掛金、受取手形	例）買掛金、支払手形
現金及び預金	会社自身で調達
	例）売上高

にはおカネが入ってくる、つまり資金の獲得の一手段ですので、右側に表します。なお、調達した資金を手元においておくことも使途の１つと考え、現金・預金は左側に表します。

ちなみに、会計の世界では、数字を万、億といった日常よく使う４ケタごとの刻みではなく、千、百万という具合に３ケタ刻みで表現することが多くあります。ボックス図の方では、単位を千円として表記しているので、この機会に慣れていってください。

それでは、以下のような取引を行なうとボックス図はどのように変化するかを考えてみましょう。なお、ここでは「こんな風に変化するのか」と理解できればＯＫです。「借入金」「資本金」など出てくる名前を覚える必要はありません。

1．資本金300万円で起業した。また、銀行から営業資金を1000万円借り入れた。

銀行からの融資は「借入金」1000万円、そして株主からの出資は「資本金」300万円、いずれもおカネの調達手段として右側に記載します。その結果、合計1300万円のおカネを得たので、これを「現金及び預金」として左側に記載します（図2－2）。

2．本社兼営業店舗の建物を800万円で購入し、代金は未払いとした。

本社兼営業店舗の建物を800万円で購入したので、得た資産として「建物」を左側に記載します。また、代金はまだ支払っていないため、これを購入先に支払いを待ってもらっている（＝間接的に購入先からおカネを調達した）と考えて右側に「未払金」を同額の800万円記載します（図2－3）。

3．商品の陳列棚を200万円で購入し、代金は現金で支払った。

新たに陳列棚を購入したので、先ほどと同様に新たに得た資産として「備品」を200万円左側に記載します（陳列棚は、大きなくくりでは備品の範疇と考えられるので、ここでは備品として取り扱います）。購入代金は現金で支払いましたので、「現金及び預金」を

２００万円減少させます（図２−４）。

４．商品６００万円を現金で仕入れた。

商品を購入したので、これも先ほどと同様に新たに得た資産として「商品」を６００万円左側に記載します。また、これも先ほどと同様に購入代金は現金で支払いましたので、「現金及び預金」を６００万円減少させます（図２−５）。

５．商品３００万円分を６００万円で掛け売りした。

商品６００万円の内、販売により３００万円分が手元からなくなったので、商品を３００万円減少させます。そして、得意先に渡った商品３００万円は、得意先から獲得したおカネ６００万円（こちらは右側に「売上高」として記載します）のために消費された原価という意味であり、「売上原価」として左側に記載します。

ところで、得意先への販売代金はいまだ回収されていませんので、獲得したおカネは「現金及び預金」としては記載できません。近い将来回収予定の未回収代金という資産という意味で「売掛金」６００万円として左側に記載します（図２−６）。

図2－2

(1) 資本金 300万円で起業した。また、銀行から営業資金を 1,000万円借り入れた。

(単位：千円)

資金の使途		資金の調達・獲得	
現金及び預金	13,000	借入金	10,000
		資本金	3,000

図2－3

(2) 本社兼営業店舗の建物を 800万円で購入し、代金は未払いとした。

(単位：千円)

資金の使途		資金の調達・獲得	
現金及び預金	13,000	借入金	10,000
建物	8,000	未払金	8,000
		資本金	3,000

図2－4

(3) 商品の陳列棚を 200万円で購入し、代金は現金で支払った。

(単位：千円)

資金の使途		資金の調達・獲得	
現金及び預金	11,000	借入金	10,000
建物	8,000	未払金	8,000
備品	2,000	資本金	3,000

図2－5

(4) 商品 600万円を現金で仕入れた。

(単位：千円)

資金の使途		資金の調達・獲得	
現金及び預金	5,000	借入金	10,000
商品	6,000	未払金	8,000
建物	8,000	資本金	3,000
備品	2,000		

図2－6

(5) 商品 300万円分を 600万円で掛け売りした。

(単位：千円)

資金の使途		資金の調達・獲得	
現金及び預金	5,000	借入金	10,000
売掛金	6,000	未払金	8,000
商品	3,000	資本金	3,000
建物	8,000	売上高	6,000
備品	2,000		
売上原価	3,000		

6. 給料や水道光熱費などの経費100万円を現金で支払った。

給料や水道光熱費などの経費はおカネの使途ですので、販売費及び一般管理費１００万円を左側に表します。なお、給料や水道光熱費は「販売費及び一般管理費」というグループにまとめて表しています。また、手元のおカネから１００万円を支払ったので、現金及び預金を１００万円減らして４００万円とします（図２－７）。

7. 借入金の利息50万円を支払った。

借入金の支払利息もおカネの使途の１つです。したがって、支払利息は左側に50万円と表します。なお、支払利息は金融取引ですので、事業運営のための費用である販売費及び一般管理費とは別に記載しています。

これは会計ルールに基づいた区分ですので、現時点では深く考えなくて結構です。また、手元のおカネから50万円を支払いますので、現金及び預金が50万円減少して３５０万円となります（図２－８）。

8．売掛金のうち400万円を回収した。

売掛金は、既に販売した商品の未回収代金です。この一部である400万円を回収したということは、売掛金と引き換えにおカネを得たということになります。したがって、売掛金が400万円減って200万円になると同時に、現金及び預金が400万円増えて750万円になります（図2－9）。

9．建物代金の未払分のうち500万円を現金で支払った。

建物代金800万円は未だ購入先に支払っていない建物の購入代金です。この一部である500万円を購入先に支払うことにより未払金は500万円減少して300万円となります。また、現金及び預金は500万円減少して250万円となります（図2－10）。

いかがでしょうか。それぞれの取引によって変化する箇所をマークしていますので、どこが動くのかを確認してみてください。

図2－7

(6) 給料や水道光熱費などの経費 100万円を現金で支払った。

(単位：千円)

資金の使途		資金の調達・獲得	
現金及び預金	4,000	借入金	10,000
売掛金	6,000	未払金	8,000
商品	3,000	資本金	3,000
建物	8,000	売上高	6,000
備品	2,000		
売上原価	3,000		
販売費及び一般管理費	1,000		

図2－8

(7) 借入金の利息 50万円を支払った。

(単位：千円)

資金の使途		資金の調達・獲得	
現金及び預金	3,500	借入金	10,000
売掛金	6,000	未払金	8,000
商品	3,000	資本金	3,000
建物	8,000	売上高	6,000
備品	2,000		
売上原価	3,000		
販売費及び一般管理費	1,000		
支払利息	500		

図2－9

(8) 売掛金のうち 400万円を回収した。

(単位：千円)

資金の使途		資金の調達・獲得	
現金及び預金	7,500	借入金	10,000
売掛金	2,000	未払金	8,000
商品	3,000	資本金	3,000
建物	8,000	売上高	6,000
備品	2,000		
売上原価	3,000		
販売費及び一般管理費	1,000		
支払利息	500		

図2－10

(9) 建物代金の未払分のうち 500万円を現金で支払った。

(単位：千円)

資金の使途		資金の調達・獲得	
現金及び預金	2,500	借入金	10,000
売掛金	2,000	未払金	3,000
商品	3,000	資本金	3,000
建物	8,000	売上高	6,000
備品	2,000		
売上原価	3,000		
販売費及び一般管理費	1,000		
支払利息	500		

▼ボックス図から「P／L」「B／S」が見えてくる

さて、ボックス図では一連の取引によっていくらの利益を獲得できたのか、一見してわかりません。そこで、図2－11のように、資金の使途と資金の調達・獲得をさらに細かく区分してみます。

〈資金の調達・獲得〉
「株主からの出資や銀行からの融資または事業活動における未払い（負債・純資産）」と「事業活動により資金を獲得した売上など（収益）」

〈資金の使途〉
「保有しているモノや権利（資産）」と「収益獲得のために使用した資金（費用）」

こうして整理したうち、図の下側にある収益と費用のみを抽出して整理したものが「損

図２－11

（単位：千円）

資金の使途		資金の調達・獲得	
（資産）		**（負債）**	
現金及び預金	2,500	借入金	10,000
売掛金	2,000	未払金	3,000
商品	3,000	**（純資産）**	
建物	8,000	資本金	3,000
備品	2,000		
（費用）		**（収益）**	
売上原価	3,000	売上高	6,000
販売費及び一般管理費	1,000		
支払利息	500		

※上図の左側：保有しているモノ＝資産、収益獲得のための使途＝費用
　上図の右側：資金調達方法＝負債・純資産、事業活動により獲得した売上などの成果＝収益

益計算書（Ｐ／Ｌ）」です。ここでは、売上高６００万円－売上原価３００万円－販売費及び一般管理費１００万円－支払利息50万円＝利益１５０万円となります。

一方で、事業を行なうために保有しているモノ＝資産の合計１７５０万円に対して、そのために株主や銀行から調達したおカネや仕入先に対する未払分＝負債・純資産の合計は１６００万円であり、両者の差額は１５０万円となります。この差額は、事業活動で獲得した利益によって賄ったことを意味しています。

このように、ボックス図の資産と負債・純資産に、事業活動の結果新たに獲得した利益を加えたものが「貸借対照表（Ｂ／Ｓ）」です。

▼P/LとB/Sはどんな関係？

ここで、ボックス図とP/LとB/Sの関係を示したものが図2-12です。ボックス図の左右の金額は一致していましたが、分解したB/SとP/Lを見ると、P/Lは左右の金額が異なっていることがわかります。P/Lの左右の金額差は利益（または損失）です。たまたま左右の金額が一致する（損益トントン）ということがあるかもしれませんが、通常のP/Lでは左右の金額は不一致となります。

一方で、B/Sは常に左右の金額が一致します。B/SとP/Lを合体させたボックス図の左右の金額が一致しているのに、それを分解した一部のP/Lの左右の金額が一致しないとはどういうことでしょうか。

実は、P/Lの左右の差額部分（利益または損失）がB/Sに押し込まれているのです。つまり、P/Lの利益はB/Sの一部を兼ねているということになります（厳密にはP/Lの利益はB/Sの利益剰余金の一部を構成しています）。P/Lの利益とB/Sの利益剰余金が「連結環」となってB/SとP/Lはつながっているのです（図2-13）。

ちなみに、「利益」と「利益剰余金」の違いについて簡単に補足しますと、利益は1年分で、利益剰余金は利益の蓄積（毎年の利益×社歴）です。したがって、利益が変化すれば利益剰余金の一部も変化しますが、利益と利益剰余金の金額自体が一致するとは限りません（注1）。

先ほど「B／Sの左右の金額は一致する」と書きましたが、もちろんこれは偶然ではありません。会計では、そうなるように仕組まれているのです。

図2－12　B/SとP/Lの関係

（単位：千円）

期末B/S

現　金	2,500	借入金	10,000
売掛金	2,000		
商　品	3,000		
有形固定資産	10,000	未払金	3,000
		資本金	3,000
		利益剰余金	1,500
資産合計	17,500	負債純資産合計	17,500

P/L

		当期純利益	1,500
売上原価	3,000	売　上	6,000
販管費	1,000		
支払利息	500		

図2－2の文章をもう一度読み返してみてください。「現金及び預金」が取引の文章に登場しないことに気がつくと思います。資本金300万円

図2－13

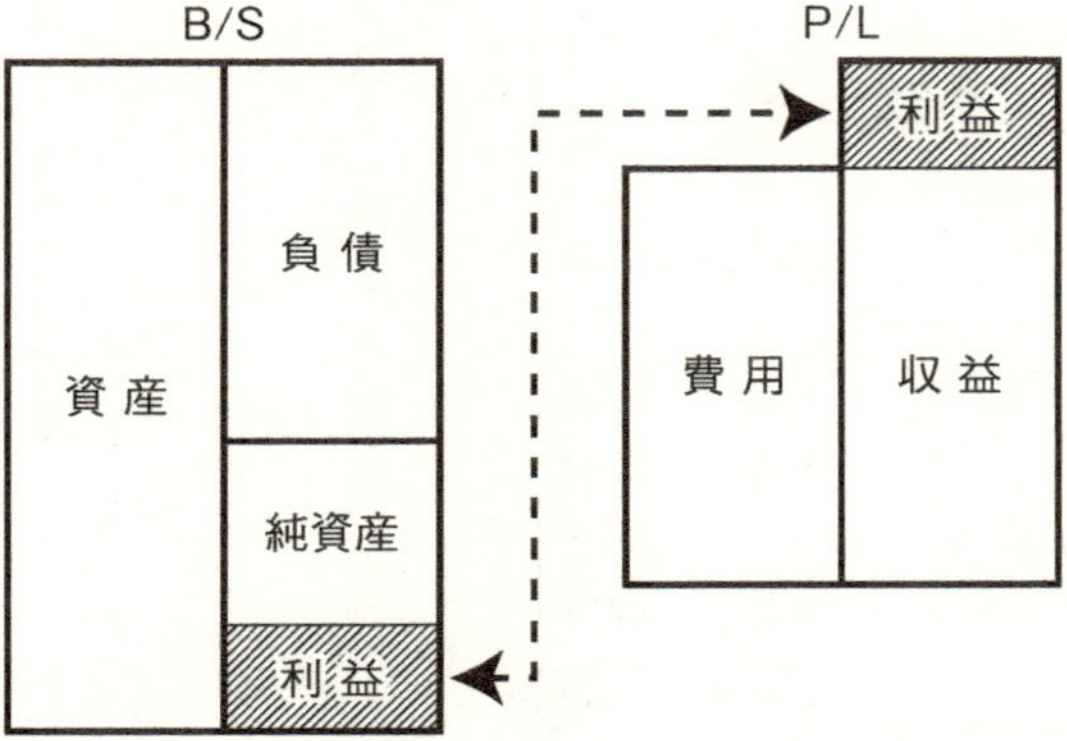

と借入金1000万円のことしか「取引」の記述としては出てこないのですが、そこはB／Sを作る人が補って、「資金の使途」側に上記合計の現金及び預金1300万円分の項目を立てているのです。

現在のB／S、P／Lは複式簿記の原則に基づく会計処理方法によって作成されています。

簿記というと、借方、貸方という表現を思い浮かべる人もいるでしょう。借方、貸方は複式簿記の基本となる用語ですが、日常の感覚とずれることもあり、この点が会計の苦手意識につながるのかもしれません。

しかし、実はそれほど難しいことをいっているわけではありません。複式の複とは「2」という意味です。つまり、1つの出来事に対して

2つの項目の変化を認識することです。

具体例を挙げますと、「住宅ローンで大変だ」というボヤキは日常よく耳にする話ですが、会計的にはちょっとおかしいのです。

何がおかしいかというと、文章の中に住宅ローンという1つの項目しかなく、複式、つまり2つの情報が揃っていません。会計的にいえば、住宅ローンという負債だけが発生するということはなく、必ずそれに見合う資産など、もう1つ何らかの要素が同時にあるはずなのです。

この場合は住宅という資産が該当することになり、会計的には、「住宅ローンで大変だ」という表現は「住宅ローンの返済も大変だが、同時に住宅という資産も持っている」が正しい表現となります。

実際、住宅ローンは住宅を売却することで（資産価値が大幅に下落しなければ）返済可能です。簿記の試験の経験者には理解いただけると思いますが、借方と貸方を合致させるのは、言うは易しでなかなか難しいのも事実……。これは、おそらく日常の考え方と会計の考え方が異なることが要因ではないでしょうか。会計的思考に慣れるには、常に2つの項目を1セットで考えるようにするといいかもしれません。

ところで、先ほどの取引1～4に比べて、取引5については難しく感じたのではないでしょうか。

実は、アカウンティングの取引は大きく以下の3パターンに区分できます。

A．B／Sの左側の構成内容のみが変化するパターン
B．B／Sの左右が同額変化するパターン
C．P／Lの利益が変化してその結果B／Sが変化するパターン

上記の例で区分すると、取引3、4、8がパターンA、取引1、2、9がパターンB、そして取引5、6、7がパターンCに当たります。パターンAとBはB／Sのみが変化するパターンですが、パターンCはB／SとP／Lが同時に変化します。パターンCのように一度にB／SとP／Lの両方が変化すると少し複雑に感じるのかもしれません。

取引自体は購入項目や費用の項目が異なれば無数に考えられますが、このようにパターンに区分すると財務諸表がどのように変化するかを理解しやすくなります。

（注1）利益剰余金は、基本的にP／Lの利益を通じて増減します。少し専門的になりますが、これを「クリーンサープラス」といいます。ちょうどパターンCのようにP／L、つまり利益が変化して、その結果B／Sの利益剰余金が変化する関係のことをいいます。大部分の取引はそうなりますが、一部の取引ではP／Lの利益を介さずにB／Sの純資産が直接増減するものも存在します。

第3章

P／Lの構造とポイント

▼Ｐ／Ｌにはいくつかの「利益」が存在する

まず、実際の会社のＰ／Ｌを見てみましょう（図３－１）。細かい点に着目する前に、大づかみにどんな構成になっているかを見てください。

売上高から始まって、最終的に当期純利益（当期純利益以降には「包括利益」がありますが、ここでは単純化のため「当期純利益」までとします）が表示されます。このうち注目すべき項目は、売上総利益、営業利益、経常利益、当期純利益です。

たとえば、家電メーカーの場合、製造している家電製品が売れたとき、売上高からそれをつくるのにかかったコストを引いた儲けが「売上総利益」、そこから販売員の給料や販売店の家賃、事務コストなどの費用を差し引いた儲けが「営業利益」、そこから為替変動による損得や銀行への支払利息などを加減した儲けが「経常利益」、さらに、土地などの固定資産の売却や事業整理損失など、および税金の支払いを控除した儲けが「当期純利益」です。

Ｐ／Ｌでは、いきなり当期純利益を表示せず、このように段階を追って利益を計算表示

図３－１　カルビーの例　平成29年３月期　決算短信より

連結損益計算書（抜粋）　　（単位：百万円）

	当連結会計年度 （平成28年４月１日～ 平成29年３月31日）
売上高	252,420
売上原価	140,847
売上総利益	111,573
販売費及び一般管理費	82,732
営業利益	28,841
営業外収益	536
営業外費用	751
経常利益	28,625
特別利益	279
特別損失	1,204
税金等調整前当期純利益	27,700
法人税等合計	8,754
当期純利益	18,946

する形式をとっています。なぜ、段階的に利益を表示するのかというと、これは一口に利益といってもその質や意味が異なるからです。言い換えると、最終的な儲け（当期純利益）だけでなく、その中身についてどのように儲けを獲得したのか、当期純利益に至るプロセス（売上と費用）を明瞭に表示する目的です。

▼さまざまな利益の種類と意味

もう少し利益を詳しく見ていきましょう。一般的には、各利益は以下のように表現されます。

売上総利益：売上高から製品、商品の製造原価、仕入代金を控除した利益（＝粗利益）
営業利益　：売上総利益から販売費及び一般管理費を控除した利益（＝本業の利益）
経常利益　：営業利益から受取／支払利息などの財務関連の収益・費用を加減した利益
当期純利益：経常利益から臨時的な利益と損失、税金費用を加減した利益

それぞれの利益の意味は以上ですが、実際のビジネスに関係した意味合いを示すと次の通りです。

「売上総利益」は、製品や商品の「付加価値」の高さを表します。売上高に占める売上総利益の割合（売上高総利益率といいます）が大きいということは、要するに、安くつくっ

図3−2　損益計算書(P/L)——概要

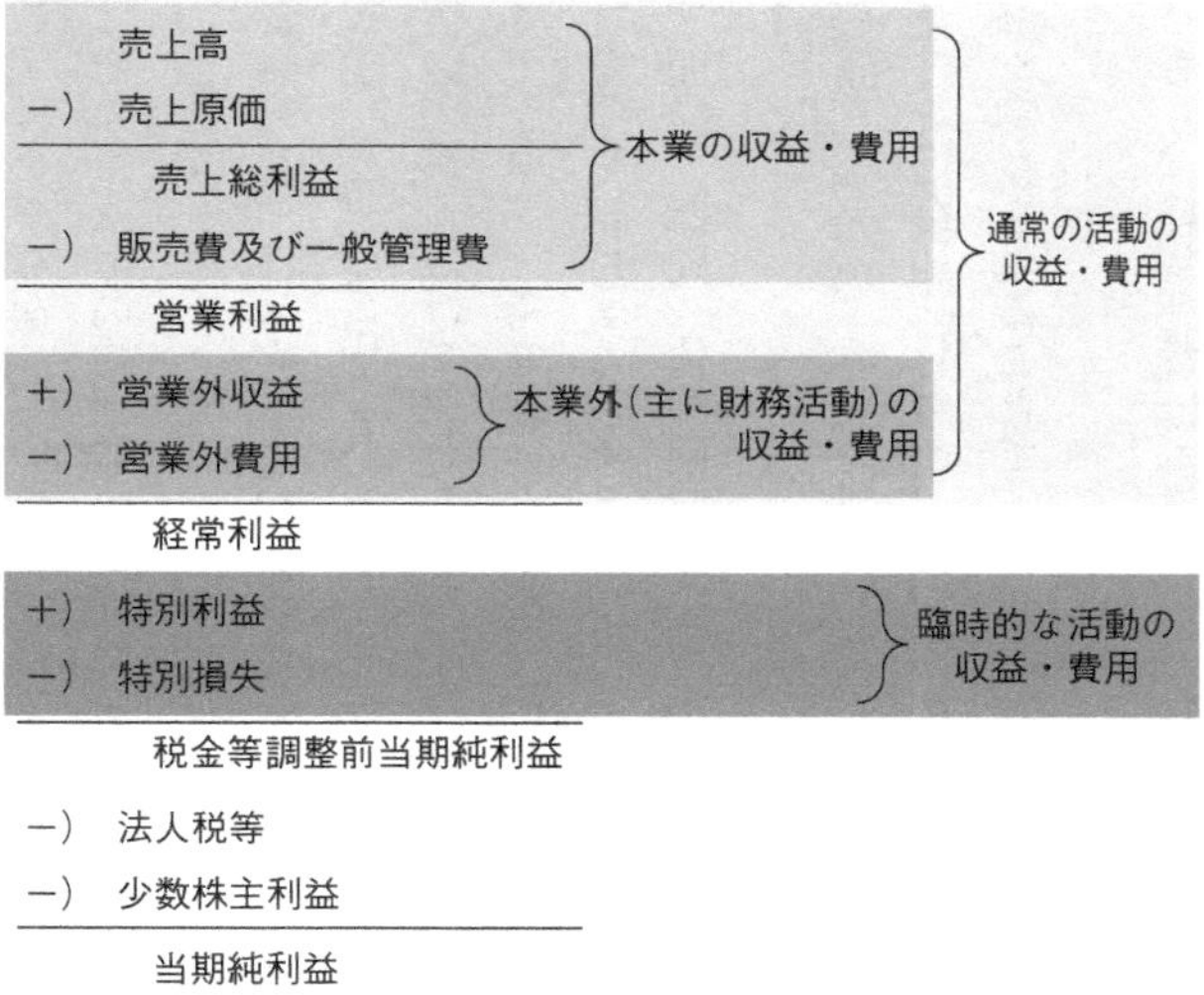

たものを高く売っているということです。おいしい商売に思えますが、もしそうであれば我も我もと競合が参入してきて価格競争が起こるでしょう。すると、最初は高い利益率を獲得したとしても徐々に利益が薄まることになると思われます。

では、高い売上高総利益率を一時的でなく長期間維持するのはどういう場合でしょうか。たとえば、その会社にしか生産できない製品やサービスを持っている会社、俗にいうオンリーワン企業が該当します。

また、P／Lの数字は基本的に売上高から当期純利益に至るまで徐々に数字は小さくなっていきますので、営業利益にしろ当期純利益にしろ、利益率の高い会社は総じて売上高総利益率が高いからそうなるのです。つまり、売上総利益は利益の源泉といえます。

「営業利益」は、売上総利益から販売活動や事業の維持運営に必要な費用を差し引いた、「本業」から産み出される利益を表します。どんなによい製品をつくったとしても、工場に置いておくだけで売れるとは限りません。製造した製品を販売するには、広告宣伝、プロモーション、営業といった販売活動が必要になるでしょう。また、販売後の債権管理や会社全体を維持するための費用も必要です。営業利益は、製品を製造するだけでなく、企画、開発、販売、債権回収といった本業に係る一連のプロセスから得られる利益といえるでしょう。

「経常利益」は、本業だけでなく、毎年継続して発生する支払利息等の、主に財務活動の収益と費用を加味しつつ、特別損益のような臨時的な項目を除外した利益です。ある年度の経常利益を見ることで、毎年だいたいこのくらいの利益を出す会社であることが把握できます。

つまり、経常利益は本業以外の成果も含めた会社の総合的な収益性、毎年どれくらい儲けを出す会社か、を表す利益といえるでしょう。この点が日本の経済社会で経常利益が重視されてきた理由といえそうです。

「当期純利益」（注２）は、特別利益や特別損失といった臨時的で金額的にも巨額な項目を含んでいるため、年度によって大きく変動する場合があるので注意が必要です。一方で、株主への配当金は当期純利益から支払われるので株主の関心は高い項目です（厳密には赤字でも配当金を支払うことはできますが、赤字での配当は株主総会で賛同が得られにくい場合もあります）。

会社に対する立場や関心によって、注目する利益は変わるかもしれません。たとえば、上述のように株主であれば配当金の源泉となる当期純利益に注目しますし、製造業の工場長は自社や競合他社の売上総利益に関心が強いでしょう。このように、利益の表す意味をざっくり理解すると、Ｐ／Ｌの読み方も変わってくるのです。

なお、経常利益は欧米諸国のＰ／Ｌには表示されていません。日本固有の利益の捉え方ともいえます。会計ルールはその国の商慣習や価値観が反映されるので、国によって相違があります。

▼費用にもいくつかの種類がある

Ｐ／Ｌの中には、さまざまな種類の費用が出てきます。ここでは、費用についてもざっくりしたイメージを以下に記載します（なお、営業外収益と特別利益は「費用」ではありませんが、便宜上ここで触れておきます）。

「売上原価」の中身について、製造業をイメージしてみましょう。工場で製品を製造する場合に必要となる原材料費、人件費（労務費）、そして製造経費が売上原価を構成します。製造経費は工場や製造設備の減価償却費や地代、賃借料、消耗品費、修繕費など、ざっとイメージするには工場内で発生するさまざまな費用（厳密には、製造に関係しない費用は販売費及び一般管理費に分類されます）と理解すれば結構です。

「販売費及び一般管理費」は、その名の通り販売費と一般管理費から構成されます。販売費は会社が製品やサービスをまさに販売する際に発生する費用で、運送費、キャンペーンなどの販促費、広告宣伝費、営業部門の人件費などが含まれます。一般管理費は、会社として存在するための機能を維持する費用です。本社、企画、財務、経理、総務、ＩＲなどのスタッフ部門で発生する費用というとイメージしやすいかもしれません。

「営業外費用及び収益」とは、会社の主たる事業以外から発生する費用、収益です。主には、財務活動に係る費用や収益で、たとえば、銀行預金の受取金利、投資先の会社からの受取配当金や、銀行借入金の支払利息、社債利息などが含まれます。海外との外貨建取引を行なっている会社は、為替変動を原因として発生する為替差損益も営業外損益に含まれます。

「特別利益、損失」とは、会社にとって特別な要因で発生する損益です。また、金額的なインパクトが会社の売上や利益の額に対して多額だということもあります。臨時かつ巨額がキーワードです。一概に、「何年に一度の発生なら臨時なのか」や「いくら以上が多額なのか」を決める画一的な基準はありません。

会社にとっての臨時性、金額的な重要性は個別に判断しますが、一応の目安としては、それを特別項目とせずに、たとえば売上原価や販管費に含めると、売上総利益や営業利益の上ブレ、下ブレが大きく、会社の業績を見誤るほどのインパクトがある場合は、特別損益として処理します。一方、特別利益は、土地や建物などの固定資産の売却益、災害などの保険金収入が損害費用を上回る保険差益など。特別損失の例としては、固定資産の除却損や売却損、事業構造改革費用（リストラ損）などが挙げられます。

▼売上はいつ計上されるのか？

ここからは、少し細かい論点について解説していきます。実務的には、ある業界に特有のもので一般的には例外扱いしてもいいものも含まれますが、さまざまなケースを知っておくことは、結果としてそのルールを貫く考え方を理解することにもなります。

さて、P／Lのいちばん上にくる「売上」。売上は、いつの時点で売上と見なされるのかと考えたことはありますか。製品や商品の販売を会社の売上として認識して帳簿に記載することを、「計上」するといいます。メーカー、卸売等の多くの会社では、製品や商品を「出荷」した時点で売上を計上していることでしょう。これを「出荷基準」といいますが、実は売上が計上されるのは出荷のタイミングばかりではありません。

たとえば、製造設備などを納入する機械メーカーでは、顧客の検収時点で売上を計上することがあります（検収時点）。また、顧客指定の仕向地に到着した時点で売上を計上する（着荷時点）、あるいは代金回収しないと心配で売上を上げられない（回収時点）という会社もあるかもしれません。

このように、実務的には売上計上するタイミングは一律ではないように見えますが、会計ルールではどのような決まりになっているのでしょうか。

実は、会計ルールでは、売上を計上すべきタイミングを規定していません。その代わりに、売上を計上するための「要件」を提示しています。この考え方を「実現基準」といいますが、簡単にいうと、

1．顧客から依頼されたモノを引き渡した（サービスを提供した）
2．1の結果、顧客から代金を回収した、あるいは代金を支払う約束を取り付けた

この2要件を満たしたタイミングで売上を計上すべきとなります。

通常の製造販売業において上記2要件を満たす代表的なタイミングが出荷時点ということですが、精密機械のように出荷されただけでは顧客が代金支払いに応じないこともある

でしょう。この場合は、機械の据付け、試運転等を経て顧客が納得した時点、すなわち検収時点で2要件が満たされることになります。

一方で、ビルの建設工事のように工期が複数年にわたる場合は、実現基準の2要件を頑なに守るとかえって経済活動が財務諸表に適切に反映されないということがあります。たとえば、工期が3年で受注総額が60億円の工事を受注したとします。1年目に工事が1／3進捗して代金（中間金）を20億円受け取った場合、実現基準の2要件に照らせば未だ工事が完成して顧客に引き渡されていないので売上は計上できません。しかし、経済実態として20億円分の経済的な価値が生み出された点を重視して工事の進捗に応じて売上（対応する原価も）を計上するという考え方もあります（工事進行基準）。

会計ルール上、いつでも気の向くままに売上を計上することは認められませんが、原理原則を押さえた上で、売上計上のタイミングは会社の事業内容や販売されるモノによって変わり得るということです。

▼「外部環境の影響」で収益も変わる

通常の企業活動では、売上が増えていけば、つまり企業の提供しているモノ（サービス）がよく売れれば、それだけ儲けも増えていくという関係にあります。大ぐくりにいえばそうですが、現実にはさまざまな外部環境の変化が収益に影響を与えています。

たとえば、為替レートの影響。円安は輸出型産業にとっては追い風となる一方で、原材料を海外から輸入している会社にとっては厳しいともよくいわれます。実際ここ10年ほどの期間に円ドル為替レートが70円台から120円台の間を大幅に変動し、業績が大きく影響を受けた会社も多いのではないでしょうか。

ここでは、P／Lへの具体的な影響も見ていきたいと思います。

まず、外貨建の売上や仕入は取引時の為替レートで円に換算されるため、為替変動は売上高と売上原価の増加・減少に直接影響します。

たとえば、同じ1000ドルの売上でも1ドル＝100円の下では10万円、1ドル＝120円では12万円となり、外貨での取引金額は同じでも円にすると異なります。これが

「輸出型企業の円安による増収効果」といわれるものです。さらに原材料などを国内で調達していて仕入原価は為替の影響を受けないとすると、一時的には利益にも好影響となります。

次に、掛け取引（代金の支払いを、商品の受け渡し時ではなく、将来の決められた期日までに行なう形式の取引。例：当月末締め翌月末払い）の場合、売上や仕入取引後、代金決済までの期間の為替変動は営業（本業）外の取引として取り扱われることになり、経常利益に影響を及ぼします。たとえば、売上時点の為替レートが1ドル＝120円、売上代金回収時点に為替レートが1ドル＝130円と円安に振れたとすると、1ドルあたり10円の利益が発生します。これを為替差益といいます。外貨での取引金額が1000ドルとすると、為替差益は10円×1000ドルの1万円となります。これは、売り上げた時点では1ドル＝120円で12万円入金されると思っていたのに、為替が円安（1ドル＝130円）に振れたため、1万円得をしたということです。

以上の売上取引を例に簡単にまとめると、昨年、今年ともに1000ドルの売上、昨年の為替レートが1ドル＝100円、今年が1ドル＝120円、そして今年の売上1000ドルの代金回収時が1ドル＝130円の場合、

円安による増収効果：1000ドル×（120円－100円）＝2万円→売上高に影響
円安による為替差益：1000ドル×（130円－120円）＝1万円→営業外収益（経常利益）に影響

となります。

一口に「為替変動が業績に及ぼす影響は？」といっても、具体的に影響が現れる箇所は1つではないということです。

▼「営業外収益」はどう考えるべき？

営業利益は本業から得られる利益ということで重視されますが、

「経常利益も毎年の事業活動から得られる利益という点では同じ意味合いではないか」
「営業利益で赤字となっても経常利益で取り返せばよいのではないか」

このような質問を受けることもあります。

たしかにどちらも会社が「毎年行なっている」活動からの利益という点では同じですが、その内容は大きく異なります。

営業利益に反映される会社の活動は、基本的に、顧客に提供するための製品やサービスを製造、作成し、それを顧客に提供し、その対価を得る一連の活動です。外部環境の影響を受ける部分ももちろんありますが、製造原価、広告宣伝費などの販売費や総務、経理などの一般管理費などの本業を営むうえでのコストの多くは、会社がコントロール可能です。

一方、営業利益から経常利益の間にある活動は、営業外収益（受取利息・配当金、為替差益など）と営業外費用（支払利息、社債利息、為替差損など）です。これらは、金利や為替の状況、投資先会社の業績など、会社がコントロールできる余地が営業利益までの事業活動と比べて少なく、会社の外部に依存する部分が大きくなります。

つまり、活動としては毎年行なっていても、その成果の水準を会社ではコントロールしにくいということです。

また、会社が自ら営業外の事業活動と区分するくらいですから、会社にとって本業ではありません。いわばサイドビジネスです。営業外収益の項目に、（流動資産に区分される売買目的の）有価証券売却益、（一般事業会社がサイドビジネスとして営む）不動産賃貸収入などが挙げられますが、世の中にはこれらを本業として行なっている会社も多く存在します。

短期的には収益を出したとしても、長期的にはサイドビジネスが本業に対抗することは一般的に難しいと考えられます。バブル期に多くの一般企業がサイドビジネスとしての有価証券の運用に手を出しましたが、それらの会社の多くはバブル崩壊後に損失を被りました。中には、その結果、本業の継続が困難な状況に追い込まれた会社も少なくありませんでした。

営業外の事業については、このようなリスクを理解するべきでしょう。

▼P／Lはどこから見ればよいのか？

実際に評価や分析のためにP／Lを読み解こうという場合には、上から順番に項目（勘定科目）を見ていくのはおすすめしません。

単なる数字を追うことになり、数字の背景にある事業活動の状況がイメージしにくくなるためです。もちろん、注目する利益があればその利益（たとえば、当期純利益など）から見るということもありますが、おすすめの「P／Lの見方」は次のとおりです。

まず売上をチェックします。単年度の売上高がいくらかという点だけではなく、最近3年間、5年間といった複数年度にわたって売上高がどう推移しているか、成長しているかという観点です。

売上高は、P／Lの1項目というだけでなく、いわば会社の「顔」です。英語で「TopLine」と表現されるように会社を代表する数字です。みなさんの会社でも取引先を選定する際に、事業規模（＝売上高）を1つの基準にすることはないでしょうか。売上高が大きいということはそれだけその会社が製造、販売する製品やサービスが社会に受け入れられているということであり、社会からの信頼の表れともいえます。

また、同時に（それだけの大きな売上で赤字を垂れ流して販売しているとは考えにくいので）それだけの利益を稼いでいるということにもなります。

次に、主な利益を順に見ていきます。そして、利益と利益の間に大きな変化がある場合にその要因を確認します。たとえば、営業利益率が15％で経常利益率が５％の場合、その間で10％の利益が失われていることになります。そして利益を10％失った原因として、その間にあるもの、この場合は営業外費用、営業外収益の中身をチェックします。そしてたとえば、輸出型産業で円高が進行したことによる損失（為替差損といいます）が大きければ、それが主要因だと確認できるという具合です。

上から順番に見ていくよりも、まず売上高、次に各利益を見て、利益間に大きな変動があれば、その要因を確認する見方を意識しましょう。数字だけでなく、その背景にある事業活動をイメージしやすくなります。

▼P／Lから事業活動を分析する

それでは、事業活動とP／Lの利益の関係を理解するために演習をしてみましょう。図3－3は、前期から当期にかけてある4社の各利益の増減を示したものです。どの程度変化したのかは各自想像していただいて結構です。さて、前期から当期にかけてそれぞれどのようなことが会社に起こったと考えられるでしょうか。

〈A社〉

営業利益が前期に比べて減少しています。営業利益が減少する要因は大きく2つあります。売上総利益の減少か販売費及び一般管理費の増加です。売上総利益が減少する場合は、1つは販売単価の下落。市場競争の激化による値引き販売や売上に占める安価な商品の割合の増加などが考えられます。また、売上原価が増加する場合は、たとえば原材料費の高騰が考えられます。

販売費及び一般管理費の増加では、たとえば、新製品のキャンペーンのための販売促進

図３－３

	A社	B社	C社	D社
営業利益	↘	↗	↗	↘
経常利益	↘	↗	↘	↗
当期純利益	↗	↘	↗	↗

費の増加が考えられます。

経常利益は、営業利益が減少したことにより前期に比べて減少しますが、たとえば、借入金が増加して支払利息が増えた、為替が円高に振れて為替差損が発生したといったように営業外費用が増加するとさらに悪化します。

一方、当期純利益が前期よりも増加しています。経常利益と当期純利益の間にあるのは、特別損益と税金費用です。この理由としては、固定資産を売却することによって利益（固定資産売却益）を得たなどが考えられます。

〈B社〉

営業利益の増加は売上総利益の増加、あるいは販売費及び一般管理費の減少が考えられます。売上総利益の増加は、新製品の発売による販売増などが想定され、また、前期に行なったプロモーション（販売促進）費用が今年は発生しないとすると前期から相対的に販売費及び一般管理費は減少することになります。営業利益が増加すると経常利益も増加しますが、受取配当金が増加したり、為替差益が増加すると経常利益はさらに増加します。

これに対して、当期純利益は前期から減少しています。不採算事業からの撤退による損失（特別損失）の発生などがあると、このような状況になります。

〈C社〉

営業利益が増加しているのはBと同様ですが、経常利益が前期から減少しています。これは営業外の活動で会社にとって損失が発生したということです。借入の増加に伴う支払利息の増加や為替レートが円高になったことによる為替差損などが要因として考えられます。

一方、当期純利益は増加しています。Aと同様に、固定資産の売却による利益（特別利益）や前期発生した固定資産の減損損失（特別損失）が当期は発生しなかったなどが考えられます。

〈D社〉

営業利益が減少しているのはＡと同様の要因が考えられます。本業の不振に対して、為替差益や受取配当金の増加などの営業外収益の増加、あるいは支払利息の減少などの営業外費用の減少の結果、経常利益の増加につながったと考えられます。経常利益の増加が要因となって当期純利益も増加した、あるいは、固定資産の売却益があるときや、法人税率の低下により税金費用が減少すると、さらに当期純利益は増加することになります。

以上の仮説はあくまで一例です。皆さん、他にも「こういう事業活動や事業環境の変化があれば、この利益に影響を及ぼす」といった例を考えてみてください。

（注2）2015年4月1日開始事業年度より、正確には「親会社株主に帰属する当期純利益」という名称になりました。

第4章

B／Sの構造とポイント

▼B／Sが示すのは、おカネの「使い道」と「調達法」

Ｐ／Ｌに比べてＢ／Ｓは馴染みが薄いという人も少なくないと思います。

Ｐ／Ｌは事業部、部門、課といった単位で予算が立てられ、月次などで進捗管理を行なうため、社内の多くの人が何らかの関わりを持ちます。また、売上からそれを得るための費用を差し引いた利益が正味の儲けであり、それを管理するのは会社にとっても個人にとっても重要という考えも、直観的に受け入れやすいのでしょう。

一方で、Ｂ／Ｓはそもそも儲けを表すものではありませんし、経理部門などを除けば、会社の中でも常日頃Ｂ／Ｓを見ている人は経営者など少数に限られていると思います。このような事情もありますので、もしＰ／Ｌに比べてＢ／Ｓは馴染みがない、理解しづらいと思ったとしても、ある意味で当然ともいえますので、あまり心配しなくても大丈夫です。

それでは、Ｂ／Ｓのフォーマットについて見てみましょう。

図4－1　B/Sの構造

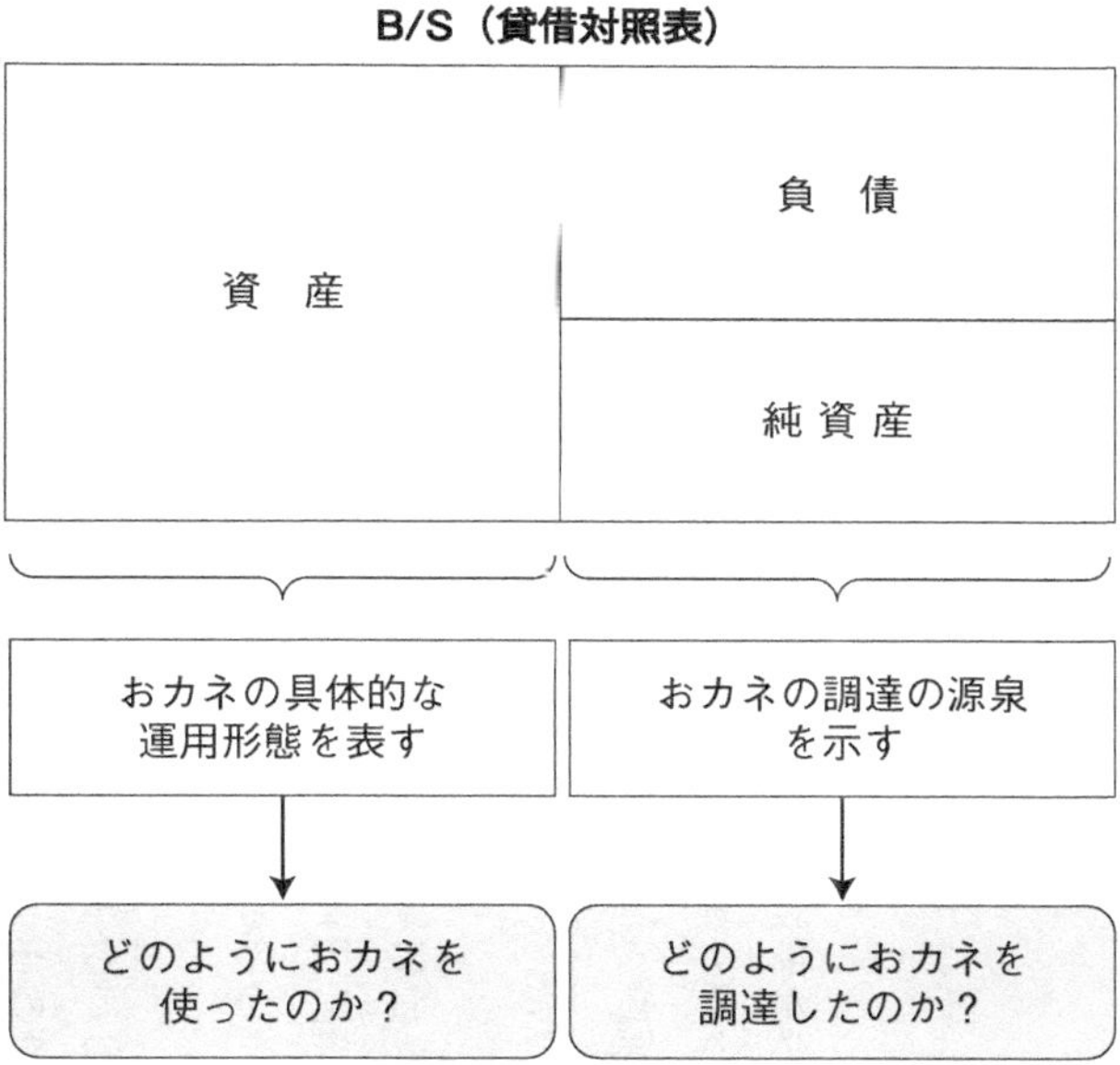

図4－1を見てください。

まず、真ん中で左右に2つに分かれています。第2章で学習した、おカネの調達と使途に区分されます。そして、おカネの調達については、調達方法によりさらに負債と純資産に分かれます。外部からの資金調達という点では同じであっても、負債はいずれ返済する必要がある一方で、株主からの出資などは期限付きの返済義務はありません。つまり、事業に投下するおカネを負債ばかりによると返済の負担が大きくなり、倒産のリスクが高まります。そのため、おカネの調達を負債によるのか、それとも純資産によるのかに区分する必要があるのです。

次に、調達したおカネをどのように使っているのかを見てみましょう。製品、商品のようなたな卸資産、工場の建物、生産設備のような固定資産というように、資産にはさまざまな種類があります。このうちどんな種類の資産におカネが投じられているのかを表します。

どんな資産におカネが投じられるかは、事業の性質によるところが大きいといえます。事業を営むのにある程度の在庫をストックしておく必要がある会社もあれば、逆にコンサルティング事業のように在庫を必要としない会社もあります。また、電力やガス、通信事業のようないわゆるインフラ事業では大規模な設備が必要になりますので、固定資産が大きくなる傾向があります。

そして、調達したおカネ以上に使うことはできませんから、B／Sの左右の金額は一致します。

図4－2　貸借対照表（B/S）——資産および負債の分類

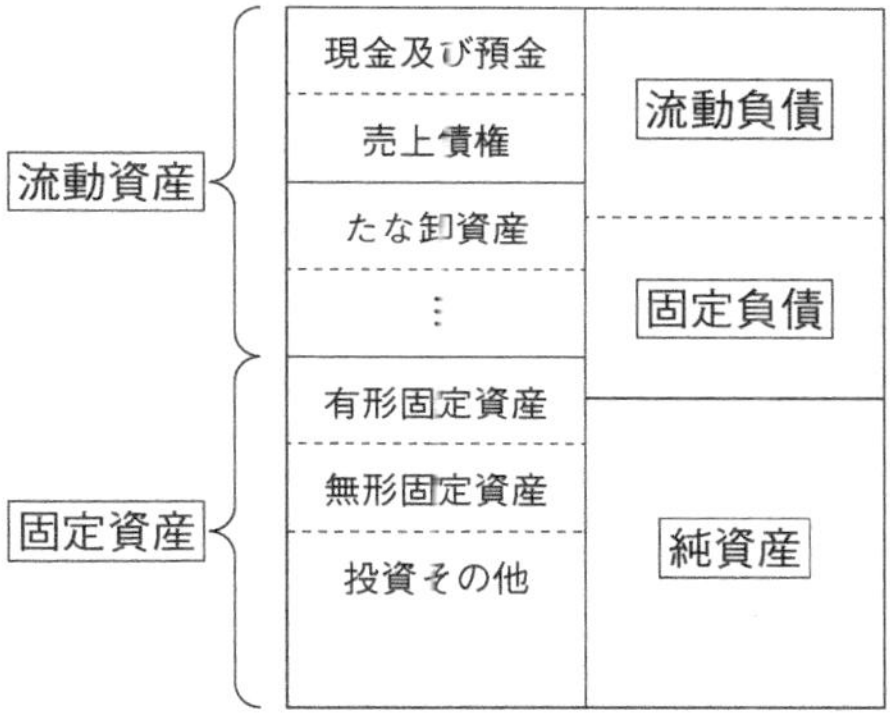

▼「流動」と「固定」の違いは何？

資産と負債については、さらに流動と固定に区分されます（図4－2の流動資産、固定資産、流動負債、固定負債）。流動・固定の区分は厳密には「正常営業循環基準」という考えによります。

営業循環とは、図4－3のようなサイクルのことです（製造業をイメージしています）。このサイクルが1周回る過程にある資産は、その期間によらず流動資産（あるいは負債）に区分されます。これを「正常営業循環基準」（Normal Operating Cycle Basis）による区分といいます。

なお、この図では現金での仕入を想定しているため仕入債務（買掛金、支払手形）は登場しませ

図4－3　営業循環

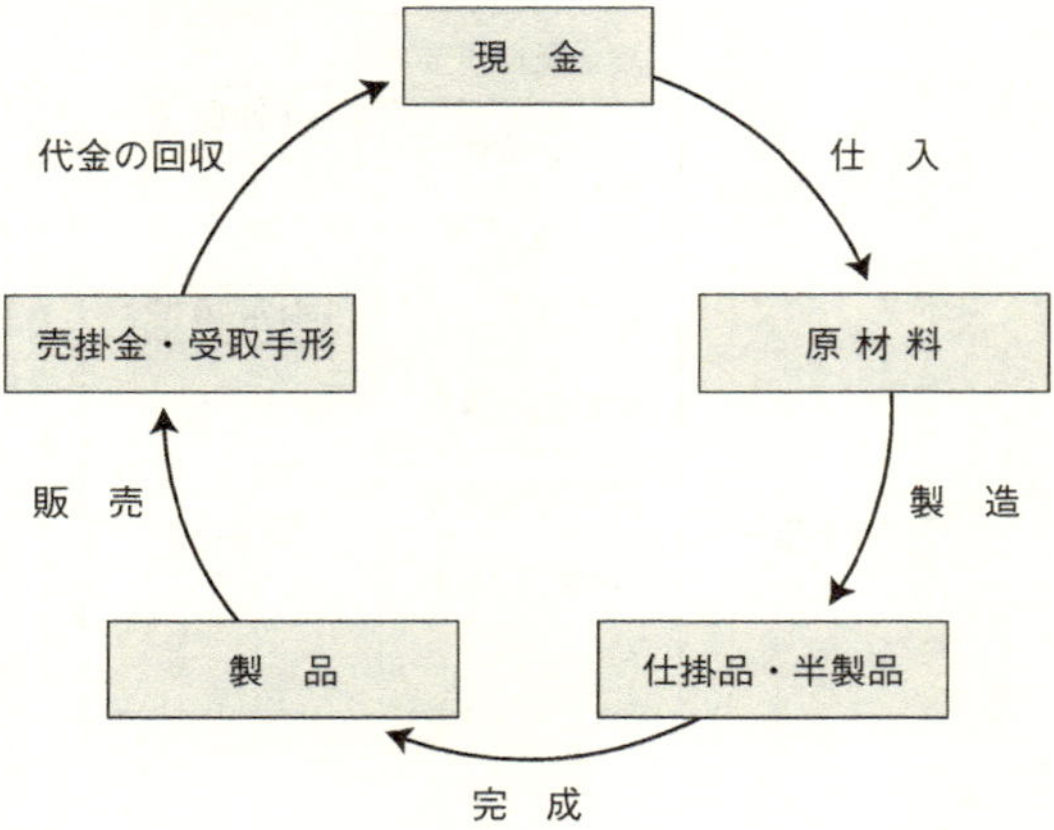

んが、「掛け」で仕入れている場合は買掛金、支払手形も流動（負債）に区分されます。

そして、営業循環の対象とならない資産や負債（例：前払費用、貸付金）は「1年」を基準に流動・固定に区分されます（これをワンイヤールールといいます）。たとえば、貸付金であれば、1年以内に返済が見込まれる貸付金は「短期貸付金」（流動資産）、返済が1年を超える貸付金は「長期貸付金」（固定資産）に区分されます。

以上、「正常営業循環基準」と「ワンイヤールール」について説明しましたが、ざっくりとした理解では、「1年」を基準に流動と固定に区分されるということで差し支えありません。事業の営業循環のサイクルの期間が長期になる不動産事業等の特定事業を除けば、大抵の事業の営業循環は1年以内であると考えられます。

▼B／Sはどこから見ればよいのか？

これで、B／Sが5つに区分されました（流動資産、固定資産、流動負債、固定負債、純資産）。

では、B／Sをどのような視点で見ればよいでしょうか。

ポイントは次の2点です。

・倒産の危険はないか？
・おカネ（資金）を有効に活用しているか？

それぞれについて、詳しく見ていきましょう。

〈倒産の危険はないか？〉

事業に必要なおカネを借金ばかりで調達すると、もし何らかの理由で返済できなくなった場合には倒産してしまいます。借金が大きくなるほど倒産リスクは高まりますので、総資産に対する負債の割合をチェックします。もう少し詳しく見ると、流動負債の多くは1年以内に外部に返済する必要があります。これに対して、流動資産の多くは1年以内に会社に現金として入ってきます。

ということは、「流動資産＞流動負債」であれば返済原資は確保できているといえます。逆に「流動資産＜流動負債」の場合は心配になりますね。

さらに、1年以内では「流動資産＞流動負債」であっても、たとえば来月支払う必要がある流動負債に対して流動資産は6カ月後にならないと現金化できない場合、やはり返済が困難になります。そうなると、単にB／Sの残高上で「流動資産＞流動負債」というだけでは安心できません。今すぐに支払うことができる現金、あるいは（当座、普通）預金がどれだけ確保できているかを確認する必要があります。

〈おカネ（資金）を有効に活用しているか？〉

会社の役割として、株主や金融機関から調達した資金を有効に活用して利益を上げていくこと、そしてその成果を資金提供者へ還元することが挙げられます。どのような資産に投資をするかは事業の特性にもよりますが、売上の成長に伴って原材料の仕入、製造設備など、より多くの投資が必要になっていきます。したがって売上の成長に見合うように、適切に事業への投資がされているか（必要な資産が増加しているか）をチェックします。

一方で、事業とは関連の薄い資産（投資有価証券、貸付金など）ばかりが増加している場合は、資金があまり有効に活用されていない可能性があるので注意が必要です。

以上、B／Sの主な着眼点を紹介しました。お気づきかと思いますが、B／Sの項目を上から順番に見るような見方はしていません。流動資産、固定資産、流動負債、固定負債、そして純資産の5つの区分の大きさの比較、バランスを見るという見方で十分なのです。

▼B／Sの項目はすべて知らなくても良い？

図4-2で見たように、B／Sの個々の項目は先ほど説明した5つのブロック以上に細かく分かれています。もちろん、項目をすべて知っておくにこしたことはありません。しかし、仮に項目の意味をすべて知らなくてもおおよその見当はつけられます。

たとえば、流動負債に区分された項目は、近い将来（たとえば1年以内）に会社から資金流出していくという点では共通していますので、その区分に属していればだいたいの性格は把握できます。このように考えれば、仮に知らない項目（勘定科目）があったとしても、属する区分から意味を類推することも可能になります。

また、前述のようにB／Sを見る際には、1つ1つの項目をつぶさに見るというよりも5区分の大きさやバランスをみることが多いので、仮にいくつかの資産、負債の項目の意味がわからなくても、たいていは困ることはありません。

とはいえ、やはりわからないのは気持ちが悪いものです。

そこで、よくわかりづらいといわれるＢ／Ｓ項目について簡単に説明したいと思います。

〈たな卸資産と在庫の違い〉

「在庫」は、会計用語ではなく商売上の用語といえます。Ｂ／Ｓの「勘定科目」には在庫という表現はありません。ビジネスにおいて「在庫」という場合、たな卸資産を指していると思ってほぼ差し支えないと思います。本書では、基本的にたな卸資産と表すこととしますが、説明の都合上、時折、在庫と表現することがありますが、同じ意味と考えていただいて結構です。

〈たな卸資産と商品の違い〉

たな卸資産は、原材料、仕掛品、半製品、製品、商品、貯蔵品等の販売を目的として保有する資産の総称、いわゆるグループ名ということです。これに対して商品は、いわばグループに属するメンバーの名前ということです。

〈有価証券と投資有価証券〉

いずれも会社が保有する株券等の有価物という意味では同義です。

有価証券は、会社が保有する目的によって、短期所有目的（短期的に売却予定か満期が1年以内など）であれば流動資産の区分に「有価証券」として表示します。長期保有目的（株式持合い等短期間に売却しない）であれば固定資産の区分に「投資有価証券」として表示します。つまり、同じ銘柄の株式であっても会社の所有目的によってB／S上の表示の区分が異なることになります。

〈前払費用と前渡金〉

自動車保険や家賃や水道、ガスのようなサービスを一定期間継続して受けることをイメージしてください。たとえば1年分のサービス料金を「前払」したけれどサービスはまだ3カ月分しか受けていない場合、残り9カ月分のサービスを受ける「権利」を持っていることになります。前払費用はこの権利に相当することになり、「資産」としてB／Sに表示します。負債の「未払費用」はこれとまったく逆の考え方です。

一方、前渡金はいわば商品代金の一部前払のことです。商売上の関係から注文した商品等の納入前に仕入先に対して商品代金の一定割合を前払いすることがあります。この場合の前払いした金額を流動資産に前渡金として表示します。なお、前渡金は商品仕入時に商品などの代金の一部に充当されます。

〈売掛金と未収入金の違い〉

いずれも取引先に対する未回収の債権という意味では同義です。

売上等の営業上の取引が継続的に繰り返される場合の取引先に対する未回収債権は、売掛金となります。一方で、取引が断片的、あるいは一時的（固定資産の売却等）な場合の取引先に対する未回収債権は未収入金と区分されます。未収入金は、通常の事業サイクルからは外れた取引により発生する債権ですので、回収見込み期限が１年以内か１年超かによって流動資産（未収入金）、固定資産（長期未収入金）に区分されます。

〈無形固定資産〉

固定資産は、１年超の期間にわたって会社が使用する目的で持つ資産をいいます（ちなみに販売を目的として持つ資産はたな卸資産です）。固定資産のうち、無形のものが無形固定資産ですが、具体的な無形固定資産の例として、特許権、借地権、電話加入権などの法律上の権利や営業権、ソフトウエアなどがあります。B／Sに表示される金額は、無形固定資産の価値（市場価値）ではなく、その無形固定資産を取得するのに要した登録等の事務的手数料が主な内容です。無形固定資産は、取得後に効果が見込まれる一定期間にわたって償却（主に定額法）されます。なお償却については、第5章で詳しく解説します。

〈繰延税金資産〉

繰延税金資産を正確に理解するには、その前提として税効果会計を理解する必要がありますが、ざっくりしたイメージを持つという意味では、「税金の前払い」という理解でよいでしょう。会社の財務諸表を作成する際に従う会計ルールと、法人税等を計算する際に従う計算ルールは異なります。その結果、会社の財務諸表上、本来は来年払うべき税金を今年支払ったような状態になることがあります。この場合、会社は来年分の税金の「前払」という「資産」を購入したようなものといえるので、資産の部に「繰延税金資産」という項目として計上します。

〈のれん〉

企業買収（M&A）では、B／Sの純資産の金額以上で買収されることが少なくありません。会計のルール上、会社に内在する全ての無形資産がB／Sに計上されているわけではありませんが、一方で、M&Aにおいてはそのような無形資産の価値も考慮されて買収価額が決定されるためです。簡単にいうと、その際の買収価額と買収された会社のB／S上の純資産の金額の差額が「のれん」になります（厳密には、買収価額と純資産の差額の内、個別の無形資産〈ブランド、顧客リストなど〉として把握可能な部分を除く部分が「のれん」として把握されます）。のれんは、会社の人財、技術力、ノウハウ等々の目に見えない価値の集合体ともいえます。

のれんは現在の日本の会計ルールでは、会社が設定する20年以内の一定期間にわたり償却されます（減価償却について、詳しくは第5章を参照）。のれんの償却費は、販売費及び一般管理費に計上されます。したがって、買収価額が高くなるほど（のれんが多額になるほど）M&A後の営業利益は圧迫されることになります。

なお、IFRS（国際財務報告基準、第10章参照）ではのれんの償却は不要であり、M&Aを推進している日本企業の中には会計ルールをIFRSに変更する例も見られます。

〈退職給付に係る負債〉

退職給付に係る負債も正確に理解しようとすると、退職給付会計の理解が必要です。退職給付会計は難易度の高い会計ルールであり、詳細については会計の専門家あるいは専門部門でなければ理解する必要はないでしょう。経営者など財務数値の使い手の立場からは、ざっくりと次のポイントを理解しておけば十分です。

図4－4を見てください。退職給付に係る負債の意味は、将来支給する従業員の退職給付（ざっと退職一時金と退職年金の合計）のうち、現時点までに発生していると見込まれる金額の現在価値（A）から現時点までに既に用意できている積立額（B）を差し引いた部分、つまり現時点での積立額で賄えていない不足部分になります。

このうち、（A）は会社の退職金の水準や国債などの安全性の高い金融商品の利回りによって決まります。たとえば、会社の退職金水準が高い会社ほど大きくなりますし、上記の利回りが大きいほど（A）は小さくなります。近年は低金利が続いていますが、上記の利回りが低下傾向にあると（A）は大きくなります。

（B）は将来の従業員の退職給付支給のために毎年会社が積み立てる年金資産といわれる

図４−４

将来支給する従業員の退職給付の現在価値（A）	既に用意できている積立額（B）
	退職給付に係る負債（差し引き）

ものです。これは、現金預金で据え置かずに通常は国債や株式などで運用します。したがって、株式相場などに影響を受けます。一般に景気がよくなれば高い投資利回りが期待できるため（Ｂ）は大きくなります。逆に、経済が停滞すると（Ｂ）は小さくなります。したがって、退職給付に係る負債は、このような（Ａ）と（Ｂ）の変動の影響を受けて増減します。

なお、既に従業員の退職給付に対する備えができている会社は退職給付に係る負債が小さいことが予想されますが、退職金などの退職給付債務の水準が小さいわけではないので注意が必要です。

〈非支配株主持分〉

近年は、多くの会社が親会社―子会社というグループ関係を形成しています。その際、グループ全体を一つの会社とみなした財務諸表を親会社が作成します。これを「連結財務諸表」といいます。

ところが、連結財務諸表に取り込まれる子会社（連結子会社）の中には、親会社が議決権の１００％を持っていない子会社もあります。たとえば、親会社が80％の議決権を持つ子会社には他に20％の議決権を持つ株主が存在します。このとき、子会社にとって親会社を「支配株主」、対して残り20％の議決権を持つ株主をまとめて「非支配株主」といいます。なお、会計ルールでは、議決権のある株式の50％超を保有している場合は子会社として連結財務諸表に取り込みます。また、たとえ50％以下でも、営業方針の決定権、役員の派遣状況、資金面等から「実質的に支配」されていると判断できる場合には、子会社と判定して同様に連結財務諸表に取り込みます。

連結財務諸表の作成手続上、親会社の財務諸表と連結子会社の財務諸表を「合算」することから開始します。その際、80％子会社であっても、いったん、子会社の財務諸表の全額を合算します。したがって、合算時点では、非支配株主の持分に相当する20％の正味の財産（純資産）や儲け（当期純利益）も、あたかも全額が親会社の持分のように表されてしまいます。

そこで、合算したあとに非支配株主に帰属する20％部分を親会社の持分とは区分するために控除して、B／S上に「非支配株主持分」として表すように調整します。非支配株主持分は、ざっくりいうと連結子会社の正味の財産である純資産（正確には一部項目は除かれます）のうち、非支配株主に帰属する持分ということになります。親会社の連結B／S

に非支配株主持分がある場合は、連結子会社の中に親会社の持分が100%でない会社があると同時に、連結子会社の純資産がプラスであるということがわかります。なお、非支配株主持分は、連結B／Sでは「純資産」の一部として表示されます。

▼資産や負債の金額は何で決まるのか

第3章で、「P／Lの売上は、いつ計上されるのか」という論点を取り上げました。似たような話で、B／Sの各勘定科目の金額はどう決められているのでしょうか。たとえば、B／Sに機械装置5億円と計上されているとして、この5億円は何を根拠にしているのでしょうか。

原則として、資産をB／Sに計上する金額は、それを取得する際に支払った金額です。たとえば、商品であれば商品を購入する際に支払った金額が該当します。この考え方を「取得原価主義」といいます。ところが、資産についてはその後取得した時点の金額が修正されることがあります。たとえばたな卸資産は、決算期末日において時価を見積もって「取得価額＞時価」の場合は時価まで金額を切り下げる必要があります。

ではなぜ、このような金額の修正をするのでしょうか。資産の値打ちが購入時点よりも下がったにもかかわらず購入時点の金額での記載を継続すると、それを見た財務諸表の利用者は、あたかもそれだけの価値がある資産を会社が保有していると勘違いするかもしれません。このような財務諸表の利用者をミスリードするリスクを避けるため、つまり、株主、債権者等の外部のステークホルダーへ配慮しているからです。

しかしながら、これらの資産であっても容易に時価が入手できるものばかりではありません。たとえば、自社で使用している機械装置について、必ずしも中古市場があるとは限りません。そのような場合は、会社の経営者が固定資産の使用から期待される将来の稼ぎ（おカネ）をベースに固定資産の時価相当額を見積もることになります。

▼純資産って全部株主からの出資なの？

純資産は、ざっくり言うと①株主からの出資による部分（資本金、資本剰余金）だけでなく、②会社がこれまで生み出した利益の蓄積（利益剰余金）、③それ以外の部分（非支配株主持分、新株予約権）から構成されます。

①・②は会社の現在の株主に帰属する部分（株主資本）ですが、③は現在の株主に帰属する部分ではありません。前項でも触れましたが、非支配株主持分は、たとえば会社が80％の議決権を保有している子会社がある場合、残りの20％は会社以外の第三者が保有していることになります。連結財務諸表作成の過程でこの20％の株主（非支配株主）の所有部分が連結B／S上、非支配株主持分として表示されることになります。新株予約権は、将来会社の株式を一定の条件で取得する権利です（ストックオプションなどが該当します）。

ところで、ニュースで「内部留保」という言葉をよく耳にしませんか。上場会社の内部留保は2016年度末時点で400兆円超ともいわれ、それらを設備投資などへ積極的に活用することを期待する声も聞かれます。

「内部留保」という言葉は、厳密にいうと会計用語ではありません。財務諸表には内部留保という項目（勘定科目）はありません。内部留保を貸借対照表の項目のどこまでの範囲と捉えるかはいくつか考え方がありますが、一般的には内部留保は利益剰余金を指す場合が多いといえます（ここでは内部留保＝利益剰余金として話を進めます）。利益剰余金とは、簡単にいうと毎年の会社の稼ぎである利益から配当金などを差し引いた（利益処分といいます）残りの累積金額のことです。

たとえば、ある年の利益１００のうち50を配当金として株主に支払い、50が手元に現金として残ったとします。この場合、この年の内部留保は50となります。その後、手元に残った50のうち40を設備投資に充て、さらに10で在庫を購入したとします。すると、手元のおカネは０ですが、内部留保（利益剰余金）は50のまま維持されます。これはどういうことでしょうか。

実は、会計ルールでは利益剰余金は株主総会における利益処分決議によってのみ減少します。一方で、おカネは経営者などの日々のオペレーション上の意思決定の結果、消費や投資が行なわれます。要するに、内部留保とおカネは発生後に別々の動きをするため、内部留保がたくさんあるからといっておカネがたくさん会社に存在しているとは限らないのです。

内部留保が多いということは、会社が生み出した利益のうち、株主への分配（配当金）が少ないとはいえるかもしれませんが、必ずしも会社が稼いだおカネを持て余しているといえるかどうかはわかりません。会社の製造設備やR＆Dなどへの投資が不十分かどうかは、貸借対照表の現金及び預金や有価証券といった金融資産が多くなっているかどうかをチェックしたほうがいいのです。

第5章

会計ルールを「選択」する

▼会計ルールには選択の余地がある

会計ルールには選択の余地があるといってもピンとこないかもしれません。具体的には、会計上の計算方法や評価方法について、複数の方法のうちどれかを会社側が選んでいいという場合があるのです。代表的なものは、以下の2つです。

・減価償却方法
・たな卸資産の評価方法

▼減価償却とは何か

まずは減価償却について見てみましょう。

まず、モノの価値はどのように変化するかを考えてみます。たとえば、自動車を思い浮かべてみてください。今年新車で購入した自動車は、来年になったら購入した価格で売却できるでしょうか。あるいは、まったく無価値になってしまうでしょうか。

いずれもノーですね。これは直感的にもわかると思います。モノの価値は買ったときと同じ価値をずっと維持することはありませんが、急に０になることもないのです。つまり、買った価格と０の間のどこかにモノの価値はあるのですが、それがどこかといわれると容易には答えにくいのではないかと思います。

しかし、会計では毎期定期的に、モノの価値を決算で計算して表示する必要があります。固定資産であれば鑑定評価をとることも考えられますが、時間と費用がかかります。とはいえ、会社が自由に見積もってよいとなると固定資産の評価に客観性が保てないことになります。そこで、時間と費用をかけずに、それでいて誰がやっても同じ結果になる方法は何かないか……ということで考えられたのが、「減価償却」という概念です。

減価償却とは「固定資産の取得原価から残存価額を控除した金額を耐用年数にわたって毎期費用として処理する手続き」といえます。

難しく感じるかもしれませんが、減価償却は身近な例でもあります。たとえば、高級な品物（たとえば１００万円とします）を買うときに、仮に10年使うと思えば１年あたり10

万円という計算を頭の中でしませんか。それは、頭の中で減価償却をしているのです。

減価償却には以下の金額を確定する必要があります。

取得原価：本体価格以外にも、その資産を目的に沿って使用できるようになるまでにかかった付随費用（運送費、据え付け費など）も取得原価に含めます。

残存価額：耐用年数経過後に残ると見込まれる価値のことです。鉄製の資産であれば、鉄くずスクラップ価値となります。法人税法の改正（残存価額の廃止）もあり、現在、実務上は特に残存価額を意識する必要はない（残存価額はゼロと見なしてよい）でしょう。

耐用年数：資産の使用見込み年数です。同じ資産であっても、使用環境や使用状況を考慮して個別に見積もります。実務上は、法人税法の規定による耐用年数を参考にしている会社が多いと思われます。

▼「定額法」と「定率法」――2つの減価償却法

減価償却方法の代表例として、定額法と定率法があります。

〈定額法〉

定額法では、年度が経過するにつれ資産の価値が階段状に減少しているのがわかると思います。価値が減少した部分が、減価償却によって費用とされた部分に相当します。毎期の減価償却費が均等に発生するイメージです。

〈定率法〉

定率法は、計算上、毎期首の簿価に一定の率を乗じて減価償却費を計算します。その結果、資産の価値の減少幅が低減するように減少することになります。定額法と同様に資産の価値が減少した部分は減価償却費として処理されます。減価償却費は取得当初は定額法に比べて大きく、年数の経過により徐々に減価償却費は減少していきます。

したがって、取得価額、残存価額、耐用年数が同じ資産であっても減価償却方法が定額法、定率法と異なる場合、最初のうちは定率法のほうが（減価償却費が大きく）利益が小さくなります。

▼たな卸資産を評価する「3つ」の方法

たな卸資産の評価方法にもいくつかの考え方があります。代表的な例として、先入先出法、後入先出法、平均法が挙げられます（図5－1）。

先入先出法は、先に購入した在庫から先に払い出す（売る、使う）という仮定で期末の在庫の金額を評価する考え方です。

後入先出法は、後（最近）に購入した在庫から先に払い出すという仮定で期末の在庫金額を評価する考え方です。

平均法は、在庫の払い出しを購入時期に偏らず満遍なく行なったという仮定で期末の在庫金額を評価する考え方です。

図5－1　たな卸資産の評価方法

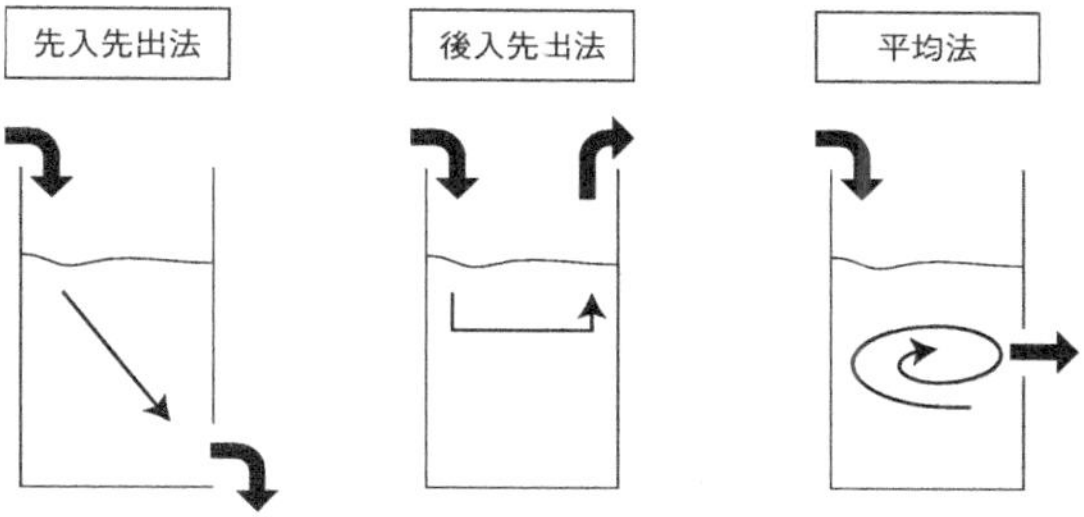

なお、いずれかの方法を選択する際、必ずしも実際のモノの動き方とは一致する必要はありません。たとえば、倉庫での現物管理上は先入先出的に行なっていたとしても平均法を採用することは可能です。

〈計算例〉

期首在庫　1個当たり単価100円×1000個　10万円
当期仕入
1回目　1個当たり単価110円×1000個　11万円
2回目　1個当たり単価120円×1000個　12万円
3回目　1個当たり単価130円×1000個　13万円

このとき、年間で1個当たり単価200円×3000個を販売し、期末在庫が1000個だったとすると、期末在庫金額、利益の金額はそれぞれ次のようになります。

〈先入先出法〉
売上高　：60万円
売上原価：33万円＝（100＋110＋120）円×1000個
利益　　：27万円
在庫金額：13万円

〈後入先出法〉
売上高　：60万円
売上原価：36万円＝（110＋120＋130）円×1000個
利益　　：24万円
在庫金額：10万円

〈平均法〉
売上高　：60万円

売上原価：34万5000円＝在庫仕入単価の平均115円×3000個
利益　　：25万5000円
在庫金額：11万5000円

このように、評価方法によって計算される利益と在庫金額が異なることがわかります。

なお、現在は後入先出法は廃止（平成22年4月1日開始事業年度から）されており、使用できません。少し余談になりますが、業務の実態とたな卸資産評価方法との関係を理解するのに適した話ですので、背景を説明しましょう。

後入先出法は、モノの動きを考えると、後（最近）に仕入れた商品から先に払い出す（売上原価となる）、つまり先（昔）に仕入れた商品が在庫として留め置かれることを意味します。先入先出法や平均法に比べてモノの動き方という点からは不自然に映るかもしれません。

実は、後入先出法はP／Lを重視した考え方なのです。後（最近）に仕入れた商品から先に払い出すということは、最近の仕入値、つまりより時価に近い仕入値が売上原価となるため、計算される利益が時価に近い水準を示すことになります。たとえば、原油価格の高騰により石油関連の原材料の仕入値が上がりだしたという状況をタイムリーに売上原価に反映することができます。他方、先入先出法では、仕入時点から払い出し時点に一定のタイムラグがあるため、このような仕入値の変動をタイムリーに利益に反映することができません。

このように、後入先出法の利点は時価を反映した利益、いわばフレッシュな利益を示すことにありました。これにより、財務諸表の利用者は、現在の経済状況をタイムリーに反映したP／Lを投資意思決定等に役立てることができました。後入先出法は、化学品メーカー、製鉄業、石油卸業などの相場によって仕入値が変動する原材料や商品を取り扱う業種に多く採用されていたのです。

一方で、その反動がB／Sに表れることになります。B／Sには、昔に仕入れた古いたな卸資産が長期にわたり計上され続けることになるのです。物理的にも、通常は先に購入したモノから順に払い出されるため、実際のモノの動きと乖離した状況を示すことになります。

グローバルな動きの一環としてB／Sが重視されるようになる中で、P／Lにおけるメリットよりも B／Sにおける不自然な状況がより強調されるようになったことが、廃止の一因と考えられます。

後入先出法の廃止は、利用者による会計情報に対する期待や重視される点の変化、いわばパラダイムチェンジによる会計ルールの変更の格好の例といえます。会計ルールの改正は、ルールの良し悪しだけでなく、良し悪しの判断基準である経済社会を構成する人々の価値観の変化によりもたらされるといえるでしょう。

▼どこを見れば、採用されている会計ルールがわかる？

さて、このように会計ルール上、減価償却方法、たな卸資産の評価方法に複数の方法が認められているということは、どのルールを採用するかによって、ビジネスの実態が同じであっても計算される利益や資産の金額が変わることがあるということを意味しています。

したがって、たとえば、同業の2社の業績を比較する場合などは計算ベース（例：減価償却方法）が同じかどうかをチェックする必要があります。

では、何を見れば、計算ベースを確認できるのでしょうか？

財務諸表には財務諸表の数字の計算前提（重要なもの）を記載した「財務諸表の注記」というセクションがあります。たな卸資産の評価基準・評価方法、減価償却方法のように財務諸表の金額算定のベースとなる会計方針は、基本的にここに記載されています。他にも、財務諸表の項目の内容をよりわかりやすく説明するものや、財務諸表の利用者に対する注意喚起（偶発債務、継続企業の前提など）が書かれています。

財務諸表の注記は、財務諸表に表された情報の理解を促進するために有用な情報です。家電製品の取扱説明書のようなものと考えてください。

（注記の例）　ヤマハ株式会社　平成29年3月期　有価証券報告書　より

第1部【企業情報】　第5【経理の状況】　1【連結財務諸表等】

【注記事項】　4　会計方針に関する事項

（2）重要な減価償却資産の減価償却の方法

1　有形固定資産（リース資産を除く）

定額法によっております。なお、主な耐用年数は次のとおりであります。

建物　31〜50年（附属設備は主に15年）　構築物　10〜30年
機械装置　4〜12年　工具、器具及び備品　5〜6年
（後略）

また、減価償却方法は変更することも可能です。とはいえ、会社の意のままに変更を認めると利益が少ないときには定額法、利益が多いときには定率法といったように利益の調整弁として使用されるおそれがあります。

そこで、監査法人などによる会計監査が必要な会社においては、変更する理由や時期に合理性があるかどうかを会計監査でチェックされます。そして、変更が認められる場合でも、減価償却方法を変更した結果、利益がいくら変化したかを注記に記載する必要があります。これにより、変更がなかったとしたら当期の利益がいくらだったのかを把握することができるようになるのです。

（減価償却方法の変更の注記例）　前掲ヤマハ有価証券報告書より
第1部【企業情報】　第5【経理の状況】　1【連結財務諸表等】

【注記事項】 4 会計方針に関する事項
(10) その他連結財務諸表作成のための重要な事項
(中略)

(会計方針の変更)

有形固定資産の減価償却方法について、従来、当社及び国内連結子会社は定率法、海外連結子会社は主に定額法を採用しておりましたが、当連結会計年度より定額法に変更しております。

当連結会計年度からの3年間を対象とした新たな中期経営計画「NEXT STAGE 12」では、(中略)有形固定資産の減価償却方法について再検討を行いました。

その結果、過去の投資及び使用実績、将来の投資及び使用計画等から、有形固定資産は耐用年数にわたって長期安定的に稼働することが見込まれることから、耐用年数にわたり費用を均等に配分する定額法がより合理的であると判断しました。

この変更により、従来の方法によった場合に比べ、当連結会計年度の営業利益、

経常利益および税金等調整前当期純利益がそれぞれ７４５百万円増加しております。（後略）

なお、減価償却方法以外の会計方針（例：たな卸資産の評価方法）の変更については、新たな方法を過去の全期間に遡って適用して財務諸表の数値を再計算する必要があります（遡及適用）。

▼経営における留意点とは？

経営において重要な点は、たな卸資産の評価方法であれば、自社が採用している評価方法を前提にして、経済環境の変化があった場合に、いつどの程度のインパクトが会社に起こるのかを把握して、適切な対策を検討することです。

たとえば、先入先出法を採用している会社で原油価格の高騰により原材料の仕入価額が上がりだしたとします。しかし、手持ちの（まだ値上がりしていないときに購入した）在庫から先に製造工程に払い出すため、手持ちの在庫があるうちは値上がりのインパクトは

Ｐ／Ｌの利益へは反映されません。このタイムラグを考慮して、事業計画の見直しや発注方法の検討等をすることになります。

第6章

キャッシュ・フロー計算書の構造とポイント

▼キャッシュ・フロー計算書とP／Lは何が違うのか？

キャッシュ・フロー計算書は、一定期間におけるキャッシュ（おカネ）のフロー（出入り、流れ）を表した計算書です。P／Lは一定期間における儲け、すなわち利益がどのように生み出されたかを表していますが、キャッシュ・フロー計算書はどのようにキャッシュ（おカネ）が生み出されたかを表します。こう書くと、「利益とキャッシュ（おカネ）は違うのか」と感じるかもしれませんが、その通り、利益とおカネは異なるのです。

P／Lの復習になりますが、売上や費用はおカネの動きとは別のタイミングでP／Lに計上されます。たとえば、売上は実現主義によって代表的なタイミングとしては「出荷」した時点で計上されます。また、売上そして費用が計上されると同時に利益、儲けも計上されますが、この時点ではおカネの回収はされていません。したがって、P／Lの利益は、おカネは未回収の時点で認識されることになります。これが利益（儲け）とおカネがズレる原因です。要するに、P／Lだけでは期間中に実際おカネがどのくらい出入りしたか、わからないのです。

キャッシュ・フロー計算書が日本に導入されたのは2000年3月期からです。バブル後の日本経済の低迷により、政府は海外からのおカネを呼び込もうと日本の金融システムを大幅に見直しました。金融ビッグバンと呼ばれるものです。その一環として会計制度も大幅に刷新されました（会計ビッグバン）。海外の投資家にとってわかりやすい制度に変更するという趣旨です。わずか数年の間に10程度の会計ルールの変更が矢継ぎ早に実施されました。その中の1つがキャッシュ・フロー計算書です。

また、当時、P／L上は黒字なのに、会社が突然倒産する、いわゆる黒字倒産が社会的な問題となりました。会社はP／L上で一時的に赤字が出ただけでは倒産しませんが、支払期限が来たときに払うべきおカネが不足していると倒産してしまいます。投資家や株主、金融機関、取引先といったステークホルダーの中で、P／Lだけでは本当に会社が財務的に健全かどうかわからない、おカネの面から会社の経営状況を見たい、それを表す情報がほしい、というニーズが高まりました。

キャッシュ・フロー計算書は、このような状況で導入されたのです。

▼3つのキャッシュ・フローを押さえる

キャッシュ・フロー計算書は3つのキャッシュ・フローから構成されています（図6－1）。

・営業活動によるキャッシュ・フロー
・投資活動によるキャッシュ・フロー
・財務活動によるキャッシュ・フロー

それぞれの意味を説明していきます（以下、キャッシュ・フローを「CF」と略して表現する場合があります）。

1．営業活動によるキャッシュ・フロー

会社の事業（ビジネス）によって一定期間にいくらのおカネが会社に入ってきたか（出

図6－1　キャッシュ・フロー計算書のひな型

キャッシュ・フロー計算書

Ⅰ　営業活動によるキャッシュ・フロー	
税金等調整前当期純利益	＊＊＊＊＊
減価償却費	＊＊＊＊＊
貸倒引当金の増加額	＊＊＊＊＊
受取利息及び受取配当金	△＊＊＊＊＊
支払利息	＊＊＊＊＊
有形固定資産売却益	△＊＊＊＊＊
売上債権の増加額	△＊＊＊＊＊
たな卸資産の減少額	＊＊＊＊＊
仕入債務の減少額	△＊＊＊＊＊
小計	＊＊＊＊＊
利息及び配当金の受取額	＊＊＊＊＊
利息の支払額	△＊＊＊＊＊
法人税等の支払額	△＊＊＊＊＊
営業活動によるキャッシュ・フロー	＊＊＊＊＊
Ⅱ　投資活動によるキャッシュ・フロー	
有価証券の取得による支出	△＊＊＊＊＊
有価証券の売却による収入	＊＊＊＊＊
有形固定資産の取得による支出	△＊＊＊＊＊
有形固定資産の売却による収入	＊＊＊＊＊
投資有価証券の取得による支出	△＊＊＊＊＊
投資有価証券の売却による収入	＊＊＊＊＊
貸付けによる支出	△＊＊＊＊＊
貸付金の回収による収入	＊＊＊＊＊
投資活動によるキャッシュ・フロー	＊＊＊＊＊
Ⅲ　財務活動によるキャッシュ・フロー	
短期借入れによる収入	＊＊＊＊＊
短期借入金の返済による支出	△＊＊＊＊＊
長期借入れによる収入	＊＊＊＊＊
長期借入金の返済による支出	△＊＊＊＊＊
社債の発行による収入	＊＊＊＊＊
社債の償還による支出	△＊＊＊＊＊
株式の発行による収入	＊＊＊＊＊
自己株式の取得による支出	△＊＊＊＊＊
親会社による配当金の支払額	△＊＊＊＊＊
財務活動によるキャッシュ・フロー	＊＊＊＊＊
Ⅳ　現金及び現金同等物の増加額	＊＊＊＊＊
Ⅴ　現金及び現金同等物期首残高	＊＊＊＊＊
Ⅵ　現金及び現金同等物期末残高	＊＊＊＊＊

ていったか）を表します。営業活動によるキャッシュ・フローというと、Ｐ／Ｌの営業利益と関係があるように見えますが、Ｐ／Ｌの利益に相当するのは「当期純利益」になります。営業活動によるキャッシュ・フローの内訳をよく見ると、（支払）利息も税金も控除済みとなっています。つまり、営業活動によるキャッシュ・フローは当期純利益のキャッシュ版という言い方ができるでしょう。

2.投資活動によるキャッシュ・フロー

会社が事業の成長等のためにおカネをいくら使ったか、あるいは既に投資していた資産を売却するなどしておカネがいくら入ってきたかを表します。会社の事業内容や成長ステージにもよりますが、一般的には会社の将来のための投資という観点から、投資活動によるキャッシュ・フローはマイナスが望ましいといえるでしょう。

3.財務活動によるキャッシュ・フロー

会社が事業に必要なおカネをどのように調達し、あるいは返済したのかを表します。株主からの調達（増資）や還元（減資や配当、自社株買い）、銀行からの調達（借入）や返済、社債の発行や償還などが記載されます。

これら3つのキャッシュ・フローの合計としてトータル・キャッシュ・フローが計算されます。また、キャッシュ・フロー計算書には結果としてのキャッシュ残高も表示されます。

▼キャッシュ・フロー計算書、4つの見るべきポイント

いろいろな見方がありますが、たとえば次の4つのポイントを押さえるだけで会社のおカネの面から経営状況を把握することは十分可能です。

1．会社は事業でおカネを稼いでいるのか？

営業CFがプラス（黒字）かどうかということです。営業CFが赤字ということは、会社がそのビジネスを続ければ続けるほど会社からどんどんおカネが流出していくことを意味します。

もちろん、一時的にリストラなどで赤字となるのであれば別ですが、継続的に営業CFが赤字ということは早晩経営が行き詰まることになります。

2．将来のために投資をしているか？

投資CFがマイナスかどうかということです。たとえば、製造業だとイメージしやすいのですが、製造ラインの増強など生産性を維持向上するには継続的な設備投資が必要になります。これらは有形固定資産への投資であり、おカネを払っているわけですから投資CF上はマイナスになります。しかし、有価証券や貸付金も投資CFには含まれます。内容にもよりますが、通常これらへの投資が会社の事業を成長させるような可能性は低いと思われます。ですので、投資CF全体としてはマイナスが望ましいですが、会社が何に投資しているのか、中身のチェックも重要です。

また、事業によっては、研究開発投資、あるいは人材への投資を重視している会社もあると思います。これらへの投資は、CF計算書では営業CFに含められます。会社の投資がすべて投資CFに現れるとは限りませんので注意が必要です。

3. フリー・キャッシュ・フローはプラスか？

営業CFと投資CFの合計をフリー・キャッシュ・フローと呼ぶことがあります（ファイナンスにおけるフリー・キャッシュフローとは、意味合いが若干異なります）。会社の事業によって稼いだおカネから、将来に必要な一定の投資をしてなお余りがあるかどうかという指標です。

個人におきかえると、「収入から生活を維持するのに必要な費用を差し引いて残るおカネがあるか」となります。余力があれば、将来に対して追加的なおカネを使うことができます（スキルアップのためにMBAを取得するなど）。一方、余力がないと、現状の生活を維持することはできるけれども、何か不測の事態が起きたときに対応が難しくなります。

会社においても同様です。事業から得たおカネから通常投資するおカネを差し引いて余りがあれば、より積極的な設備投資や研究開発などに充てられます。あるいは、財務体質改善を目的として有利子負債の返済に投じることもできます。こうした点から、営業CFから通常の投資を差し引いたフリー・キャッシュ・フローに着目します。

4．利益とのバランスは適正か？

「営業ＣＦ∨当期純利益」となっているかどうかということです。多くの場合、キャッシュ・フロー計算書は間接法で作られていて（本章後半で詳説）、この間接法ではＰ／Ｌの（連結）税引前利益から調整計算が始まります。

そして、調整項目には（営業外収益費用の）受取利息／支払利息に相当する項目、法人税等に相当する項目も含まれます。この点からも、営業ＣＦは当期純利益のキャッシュ版ということがわかるでしょう。

Ｐ／Ｌで当期純利益が計上されるまでには、さまざまな費用が差し引かれていますが、そのすべてが現金支出を伴うものではありません。たとえば、減価償却費は実際におカネを払っているわけではありません。したがって、間接法のキャッシュ・フロー計算書の作成では、減価償却費を足し戻すという調整を入れます。つまり、この時点で営業ＣＦの方が当期純利益よりも大きくなっているわけです（法人税等の支払い額はＰ／Ｌの税金費用と同等とします）。

ところが、たとえば売上債権（売上代金の未回収分）やたな卸資産が増加すると、これらは営業ＣＦを減少させる要因になります。その結果、「営業ＣＦ∧当期純利益」となっ

図6－2　江守グループホールディングス　当期純利益と営業CF

（単位：百万円）

年度	平成22年3月期	平成23年3月期	平成24年3月期	平成25年3月期	平成26年3月期
当期純利益	1,021	1,367	1,689	1,919	3,323
営業ＣＦ	△717	△6,678	△6,915	△2,670	△5,197

ている場合は、売上債権の未回収やたな卸資産の増加が目立つということであり、「黒字倒産」のリスクがあるため注意が必要です。

「黒字倒産」とは、Ｐ／Ｌ上は黒字、つまり利益が出ているのに、倒産してしまうことを指します。具体的な事例を見てみましょう。

平成27年4月に福井県本社の東証1部上場会社の江守グループホールディングスが民事再生を申請し、実質的に倒産に至りました。ところが、同社は平成26年3月期までは継続して「黒字決算」だったのです。では、平成27年3月期になって経営状態が急速に悪化したのでしょうか。

実は、その兆候はかなり以前から財務諸表に現れていました。

同社の有価証券報告書を確認すると、当期純利益と営業キャッシュ・フローは図6－2のようになっています。

同社の公表によれば、当期純利益と営業キャッシュ・フローの差の主たる要因は、中国顧客に対する売上代金の滞留であったようです。同社の営業キャッシュ・フローが継続してマイナスというところも明確にそれを裏付けています。

会社は数年程度の赤字では即座に倒産するとは限りませんが、資金に行き詰まると倒産します。つまり、P／Lの利益だけでは会社の倒産は予測できません。江守グループホールディングスの例でも、P／Lでは黒字を継続しており、さらに売上も最近5期間で300％超成長しています。一見、超優良企業に見えるかもしれませんが、少なくとも5期間前から本業でキャッシュが流出していることは、キャッシュ・フロー計算書を見れば一目瞭然です。まさに、典型的な黒字倒産の事例です。

この例からもキャッシュ・フロー計算書の重要性が再確認されます。

▼実際にキャッシュ・フロー計算書を読んでみよう

以上、4つのキャッシュ・フロー計算書の評価ポイントを意識して、図6－3の3つのパターンのキャッシュ・フロー計算書を読んでみてください。

なお、簡易的なキャッシュ・フロー計算書中の「調整額」は、さまざまな営業活動によるキャッシュ・フローの調整項目をすべて合算したものです。どのような項目が含まれる

図6－3　キャッシュ・フローの分析――演習

	パターン1	パターン2	パターン3
営業キャッシュ・フロー			
当期純利益	200	400	300
調整額	400	－500	－100
営業CF	600	－100	200
投資キャッシュ・フロー			
投資CF	－300	200	－600
財務キャッシュ・フロー			
財務CF	－100	300	200
キャッシュ・フロー合計	200	400	－200

かは想定してみてください。

〈パターン1〉

典型的なよいパターンといえます。

まず、事業活動で儲けたおカネ（営業CF）が黒字で、かつ当期純利益よりも大きい額（3倍）です。

また、営業CFの範囲の中で将来のための投資もしており、フリー・キャッシュ・フローもプラスです。フリー・キャッシュ・フローから有利子負債の圧縮のため、借入金を一部返済したと考えられます。

〈パターン2〉

黒字倒産の典型的なパターンです。

当期純利益は黒字にもかかわらず、営業ＣＦが赤字となっています。調整額のマイナスが大きいことが原因ですが、この中身が売上債権の増加やたな卸資産の増加による場合にはよくよく注意が必要です。事業活動でおカネが流出しているため、固定資産を売却、そして新たに借入をしているのでは、と推察されます。

〈パターン3〉

ここでは、良い悪いというよりも、投資ＣＦの大きさに目がいくと思います。営業ＣＦ以上のおカネを投資ＣＦに投下しています。その結果、フリー・キャッシュ・フローはマイナスとなっています。これは、毎月３００の給料の人が６００支出するようなものです。これだけの情報で良し悪しは判断できない部分がありますが、仮にこのようなキャッシュ・フローの状況が何年も継続するとすれば、いずれ会社のおカネは底をつくことになります。一方、戦略的なＭ＆Ａ、設備投資といった何年に1度の投資であればその限りではありません。投資の中身、そして同時にキャッシュの残高も併せて吟味することになります。

いかがでしたか。４つの着眼点をインプットするだけで、キャッシュ・フロー計算書を通して会社のおカネの面からの財務状況をかなり読み取ることができたのではないでしょうか。

ここで１つ重要な点を付け加えます。キャッシュ・フロー計算書は一定期間におカネがいくら増えたかを表す計算書ではありません。つまり、おカネがたくさん増えていればいいということではありません。そうであれば、パターン２のほうがパターン１よりもいいことになります。

キャッシュ・フロー計算書は、いくらおカネが増えたかではなく、どのようにおカネを得て、どこにおカネを投じたかといったプロセスを評価するための計算書であるということをこの演習を通じて理解していただければと思います。

▼キャッシュ・フロー計算書にも色々ある

キャッシュ・フロー計算書の作成方法には、直接法と間接法があります。

両者が異なるのは営業ＣＦに関してであり、投資ＣＦと財務ＣＦについては違いはあり

図6－4　直接法 vs. 間接法（営業CF）

直接法		間接法		
＋	営業収入	＋	税金等調整前利益	
－	原材料・商品仕入にかかる支出	＋	減価償却費	非資金費用
－	人件費支出	－	受取利息・受取配当金	営業外損益
－	役員賞与	＋	支払利息	営業外損益
－	その他の営業支出	－	有形固定資産売却益	投資CFへ
		－	有価証券売却益	投資CFへ
		－	流動資産の増加額	運転資本の調整
		＋	流動負債の増加額	運転資本の調整
小計		小計		
＋	利息・配当金の受取額	＋	利息・配当金の受取額	（営業外損益から）
－	利息の支払額	－	利息の支払額	（営業外損益から）
－	法人税等支払額	－	法人税等支払額	
合計		合計		

ません。直接法では、「……による収入」「……への支出」といったように収入、支出の名目別に項目が記載されます。キャッシュ・フロー計算書導入前の資金収支表は、直接法に即したものでした。現在、多くの会社のキャッシュ・フロー計算書は間接法で作成されています。こちらはP／LとB／Sの項目をベースに誘導的にキャッシュ・フロー計算書を作成することから間接法と呼ばれています。

　間接法によるキャッシュ・フロー計算書の作成方法について詳しく理解する必要はありませんが、よくある疑問点について説明しておきたいと思いま

図６−５

売上高	100	現金収入済
費用（減価償却費のみ）	60	おカネの支払いはなし
税前利益	40	

す（図６−４）。

〈減価償却費をプラスするのはなぜか？〉

間接法の営業ＣＦは（連結）税金等調整前当期純利益（以下、税前利益）から調整計算をスタートします。簡単にいうと、税前利益に調整を入れることで税前利益を営業ＣＦに読み替えていくプロセスです。したがって、何も調整が入らないのであれば、税前利益がそのまま営業ＣＦとなります。

さて、Ｐ／Ｌでは税前利益を求める過程で既に減価償却費は差し引かれています。しかし、減価償却費は毎年おカネを払う費用ではありません。固定資産を取得したときにおカネは既に支払い済みです。したがって、減価償却費を足し戻すことで営業ＣＦ、つまりおカネの動きを調整します。

簡単な例を見てみましょう。図６−５を見てください。

間接法の営業ＣＦの調整計算は、税前利益40からスタートします。調整計算が何もないとすると、税前利益40がそのまま営業ＣＦとみなされます。しかし、この場合、会社に入ってきたおカネは１００です。この税前利益と会社に入ってきたおカネの不一致の原因は、税前利益の計算で売上からおカネの支払いを伴わない減価償却費が差し引かれているためです。したがって、減価償却費を足し戻すことによって会社に入ってきたおカネ１００に一致させるというわけです。

引当金（繰入額）もまったく同じ理由です。たとえば、賞与引当金（繰入額）はＰ／Ｌでは費用ですが、おカネの支払いは実際に従業員に賞与を支払うときです。そのため、Ｐ／Ｌの費用とした賞与引当金は営業ＣＦ調整では足し戻します。このように、Ｐ／Ｌでは費用ですが、当期におカネの支払いが発生していない項目を「非資金費用」といいます。

〈固定資産売却益をマイナスするのはなぜか？〉

固定資産売却益は売却しておカネを得たはずなのに、なぜ営業ＣＦ調整でマイナス、つまりなかったことにするのか、という疑問もあります。

理由は2つです。1点目は、P／Lに計上されている固定資産売却益は、売却によって得た収入金額ではありません。たとえば、帳簿価額が100の固定資産を150で売却する場合、P／Lの固定資産売却益は50（＝150－100）となります。

一方で、キャッシュ・フロー計算書では売却によって得た収入金額、この場合は150の記載が求められます。売却益（売却損の場合も同様）は収入金額ではないため、調整のため一旦マイナス（損の場合はプラス）して、なかったこととします。

2点目は、キャッシュ・フロー計算書上の区分として、固定資産の売却による収入は「投資CF」の区分に記載することになります。したがって、営業CFでは固定資産売却益／売却損をマイナス／プラスして消去した後に、固定資産の売却による収入、上記の場合は150、を投資CFに記載します。

〈支払利息をマイナスするのはなぜか？〉

P／Lに計上されている支払利息（受取利息も同様です）は、厳密にはその期に実際に支払われた金額とは限りません。たとえば、3月度に発生した支払利息（100）が4月に支払われるとします。P／Lでは、この100は3月分の支払利息と計上されますが、キャッシュ・フロー上は次年度の4月分となり、3月決算の会社の場合、P/Lとキャッシュ・フロー計算書に差が生じることになります。そのため、P/Lに計上された支払利息（受取利息）を一旦消去する意味でプラス/マイナスの調整を入れ、小計以降に改めてその期に実際に支払った/受け取った利息金額を利息の支払額/受取額として記載しています。

なお、支払利息を財務活動のCF、受取利息及び配当金を投資活動のCFで調整することも認められています。いずれも一旦選択した方法は継続して適用することが求められます。

ちなみに本書では、これまでの説明の中で暗黙の了解として、B/Sの「現金及び預金」とキャッシュ・フロー計算書のキャッシュは単純化のために同じものと扱ってきました。しかし、実際には両者は定義が異なります。

B/Sの流動資産に含まれる現金及び預金は、手元現金と1年以内に満期を迎える定期預金（ワンイヤールール）です。一方、キャッシュ・フロー計算書におけるキャッシュ（現金同等物）は、より流動性を重視して手元現金と即座に現金化可能であるという点から、3カ月程度で満期を迎える預金、そして短期運用目的の有価証券（B／Sでは有価証券として表示）から構成されます。両者の項目及び金額の相違は、財務諸表の注記（キャッシュ・フロー計算書関連）に記載されています。

▼運転資本とは「ビジネスを継続していくのに必要なおカネ」

事業活動を維持継続していく、まさにビジネスを運転していくうえで必要なおカネを運転資本（ワーキングキャピタル＝WC）といいます。

一般的な製造業をイメージすると、製品を製造するための原材料を仕入れ、加工して、それを販売する、というのが基本的な流れになります。販売後の一定期間（回収サイト）後に現金収入があります。原材料を仕入れてから現金の収入があるまでには数カ月の期間が経過します。

一方、原材料や労務費の支払いは現金の収入に先行することが通常です。支払いの際におカネがないと、実質的に事業は破綻してしまいますので、先行する支払いのためのおカネをあらかじめ準備しておく必要があります（図6－6）。このとき、準備しておくべきおカネが運転資本（WC）であり、会社の資金繰りには重要なコンセプトです。

原材料などの仕入代金の支払いのタイミングから、販売代金の回収までの期間が長くなるほど運転資本は大きくなります。

運転資本の額を求める計算式はいくつかありますが、ここでは以下の式を示します。

運転資本＝売上債権＋たな卸資産－仕入債務

図6－7の塗りつぶした部分が運転資本に相当します。運転資本は、B／S内の位置でいうと右側であり、日々変化する流動的なおカネですので、流動負債（ざっくりと言えば借入金）というイメージが当てはまります。

売上債権が増加すると……運転資本が増加します。
たな卸資産が増加すると……運転資本が増加します。
仕入債務が増加すると……運転資本が減少します。

図6－6　運転資本：Working Capital（WC）

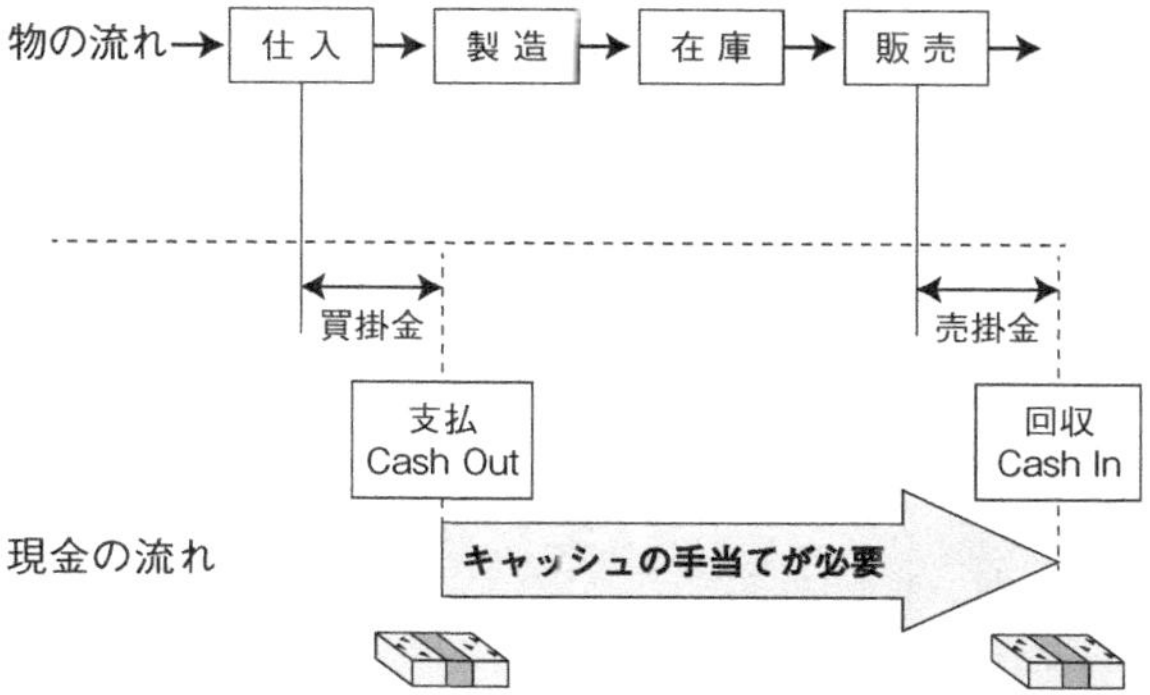

図6－7

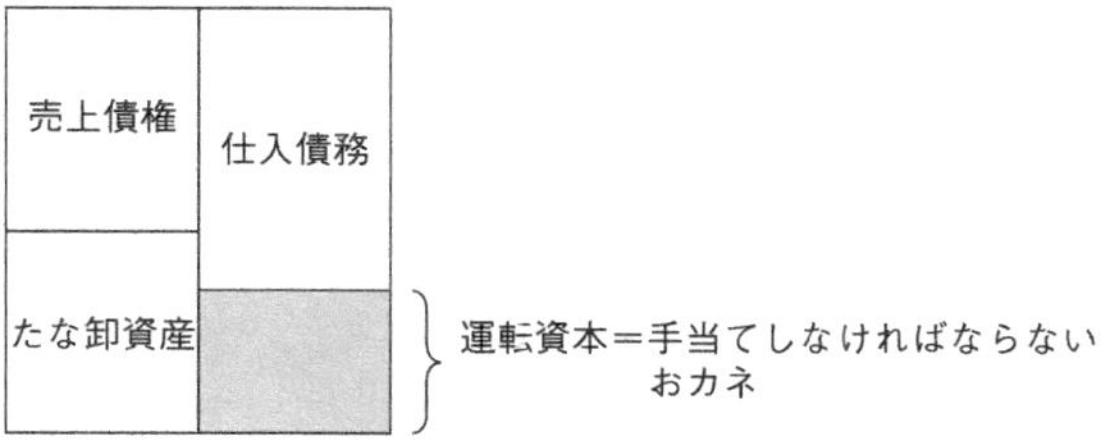

では、会社のオペレーションで売上債権が急増するのはどういう状況でしょうか。いくつか考えられますが、たとえば得意先からの代金回収が滞ることが考えられます。また、たな卸資産が増加する要因については、不良在庫や滞留在庫が考えられます。日頃、会社内で代金回収を早める、あるいは在庫の圧縮などが強調されると思いますが、資金繰りの観点から見ても、運転資本の圧縮＝不要な借入金を減らすことにつながることがわかると思います。

▼事業成長の時こそ、運転資本に注意！

売上代金の回収が遅れたり、在庫が滞留したり、これは経営上も悪い兆候です。このような事態であれば、経営者も「おカネは大丈夫なのか？」と注意します。ところが、売上代金の回収も遅れていない、在庫の滞留もない、仕入の支払いも早めていない、こんな状況にもかかわらず、運転資本が増加することがあります。何が変わったのかといえば、売上が成長した点。一般的には、売上が伸びることは事業がうまくいっていることであり、喜ばしいことです。しかし、実は事業が成長しているときにこそおカネ（運転資本）が不

図6－8　成長期におけるB/Sの変化

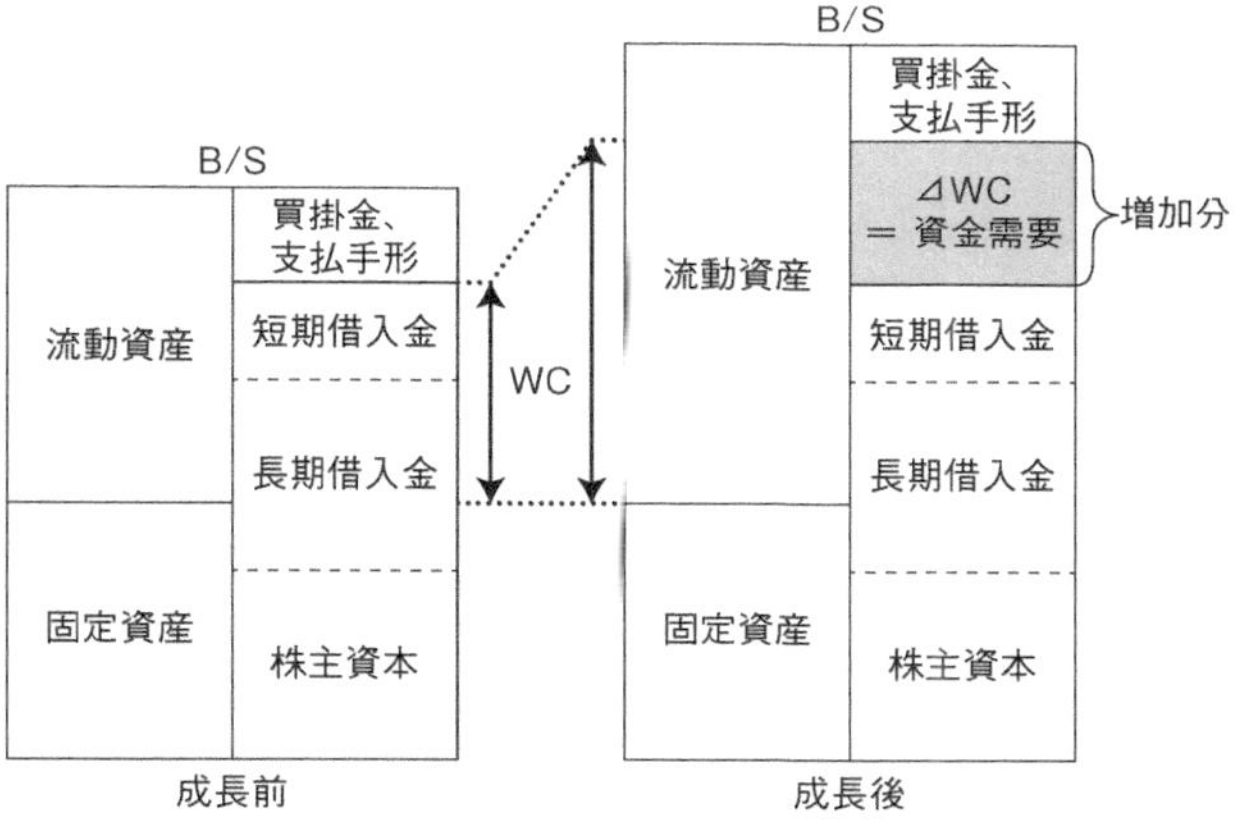

足するのです。

売上が成長するときはたいてい、仕入代金、たな卸資産の金額、そして販売代金も増加します。これを表したのが図6－8です。すべての項目が同じ割合で増加すると、販売代金やたな卸資産の滞留は発生しなくとも、運転資本の「絶対額」は増加するのです。そして、重要な点は、通常は増加した仕入代金の支払いが販売代金の回収より先に到来する、ということです。つまり、運転資本の増加分をあらかじめ用意しておかないと資金繰りに窮することになります。

急成長している会社こそ運転資本の増加に備えて適時適切な資金調達が重要になるのです。

―第2部―

財務諸表の活用編

第7章　財務指標の種類とポイント

第8章　実例で見る財務諸表分析

第9章　財務諸表以外の財務データの活用

第10章　会計ルールのグローバルスタンダード

第7章

財務指標の種類とポイント

▼財務指標で会社を比較・分析する

会社の財務諸表を比較、検討、評価する際の便利なツールとして財務指標があります。会社の業績や財政状態の良し悪しを評価する際に、通常、同業他社や過去の自社の数字や数値との比較を行ないます。財務指標を使った財務諸表分析においても同様です。

財務指標は、P／Lの利益や売上高などの財務諸表の数字を使った比率、回数、倍率や回数などの単位で表されます。規模の大きな会社では、売上や資産の金額が大きくなり、前期からの増減を金額のみで捉えると単位が大きすぎて実感がわきにくいことがあります。あるいは、事業規模の異なる会社の業績を比較する場合にも、金額のみでは比べにくいものです。その点、財務指標は金額の規模を捨象して会社の業績などを比較することができます。

〈時系列による比較〉

過去の数値と現在の数値を比較することにより、どのような傾向があるか把握します。

図7－1　指標分析の方法

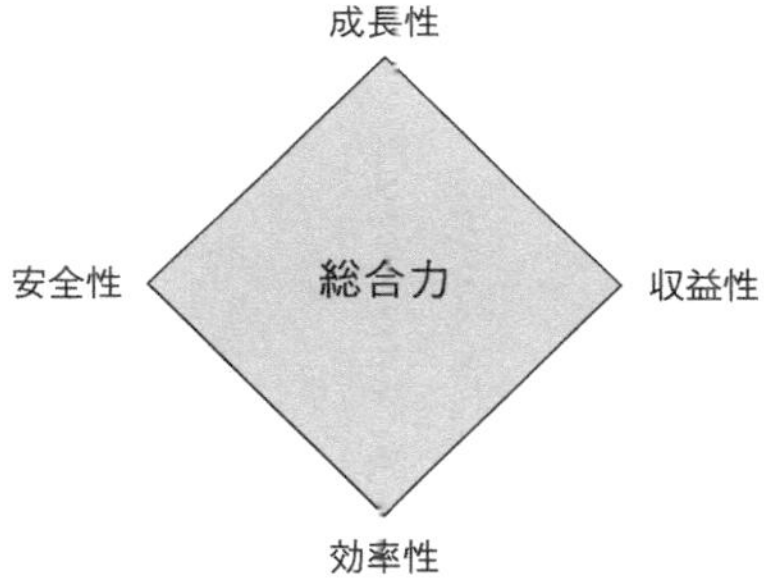

〈平均値との比較〉

業界平均値と比較することにより、自社の強みや弱みを把握します。

〈競合他社との比較〉

競合他社の数値と比較することにより、自社の強みや弱みを把握します。

〈目標との比較〉

中長期的な会社の目標値と比較することにより、目標値とのギャップを把握します。把握されたギャップは、原因分析され改善策の策定、実施につなげます。

財務指標は、財務諸表分析の目的によっていくつかの種類に分類されます。

会社の経営がうまくいっているかどうかを評価する際

に、たとえば事業の成長という一面のみから評価するのではなく、多面的な評価が重要となります。会社は人間の集まりであり、人間と同じように多面的な存在です。たとえば、成長スピードは非常に高い会社でも、運転資本の増加のためのおカネを適時に調達できないと倒産してしまいます。一面からだけの評価は、判断を誤るリスクも抱えているのです。そこで、成長性、収益性、効率性、安全性、そして総合力という複数の観点から多面的に会社を分析、評価するべきでしょう（図7－1）。

また、評価をする立場によって重視するポイントも変わってきます。たとえば、次のような立場ではどうでしょうか。

〈投資家・株主〉

投資の意思決定の判断材料として活用します。総合力、成長性、収益性を中心に考えます。

〈取引先・債権者〉

信用度を把握するための材料とします。安全性を中心に考えます。

〈経営者〉

事業計画の進捗状況や計画と実績の差異の把握、経営課題の把握を、財務指標を活用して行ないます。経営者は、総合力、成長性、収益性、安全性、効率性をバランスよく見る必要があるでしょう。

単に数値の良し悪しだけでなく、対象とする会社についての評価者の立場、関心事は何か、によって重視される財務指標は変わってきます。

▼【財務指標の使い方①】成長性分析

会社がある期間にどれくらい事業規模を成長させたかを測ります。

〈売上高成長率〉

売上高成長率＝（当年度売上高－前年度売上高）÷前年度売上高

売上高成長率は、会社の成長という点から最も基礎となる指標です。会社単独の成長率だけでなく、市場の成長率や物価上昇率と絡めて見る必要があります。

売上高が成長するということは、会社が提供する製品やサービスがそれだけ社会に受け入れられているということでもあります。会社の社会における存在感が増すと同時に信用力が増しているともいえます。

製品やサービスにはライフサイクルがあります。成長期を過ぎれば成熟期、衰退期といったプロセスをたどりますので、永遠に成長を保つことはあり得ません。ということは、会社が永続的に成長するためには会社の製品やサービスを定期的に見直し、入れ替えていく必要があります。あるいは、自社内での新製品や新サービスの開発だけでなく、会社を買収（M&A）することによって売上高を成長させるなどの手法もあります。

売上高成長率は高いほうが望ましいですが、事業が急激に成長しているときには運転資本が不足することになりかねないので、資金ショートに注意が必要です。

〈総資産成長率〉

総資産成長率＝（当年度資産合計－前年度資産合計）÷前年度資産合計

総資産成長率は、会社の財産的な規模の成長を表す指標です。総資産成長率が大きいほど、会社の財産的な規模が拡大していることを意味します。

会社の資産はいわば、売上や利益を獲得するための道具ですから、総資産だけが成長することは必ずしもいいこととはいえません。そのため、総資産の増加が売上や利益の増加につながっているかという売上高成長率とのバランスで評価します。

▼【財務指標の使い方②】収益性分析

収益性は、会社が利益を生み出す力が大きいか小さいかを表したものです。収益性を見ることにより、会社の利益を生み出す力を把握すると同時に、どの段階で利益を生み出しているのかを把握することができます。

〈売上高総利益率〉

売上高総利益率＝売上総利益÷売上高

売上高総利益率は、売上に対する会社の製品やサービスの付加価値の大きさを表します。粗利益率、マージン率などといわれることもあります。

売上高総利益率が高いということは、仕入あるいは製造原価に比べて売価を高く保つことができているということです。つまり、相対的に高い値段であっても、ブランドや品質など、購入されるだけの魅力がある製品やサービスだといえます。他方、原価低減などのコストダウンの努力によって売上高総利益率を改善する取り組みが効果を上げている可能性もあります。

〈売上高営業利益率〉

売上高営業利益率＝営業利益÷売上高

売上高営業利益率は、会社の本業の利益率といわれます。製品やサービスは、製造後も広告宣伝や販売促進などの販売業務、そして経理や総務などの管理業務による代金の回収などを経て一連の事業活動が完結します。これら一連の事業活動を会社にとっての本業と捉えて、売上総利益から販売費及び一般管理費を差し引いた後の営業利益が売上高に占める割合を見るのです。

〈売上高経常利益率〉

売上高経常利益率＝経常利益÷売上高

売上高経常利益率は、本業を支える財務活動など、本業以外の企業活動を含めた利益率です。本業の収益性に加えて金融収支の巧拙や資金調達力などの財務体質も含めた総合的な収益性が表れます。

従来、日本企業は間接金融、すなわち銀行などの金融機関からの借り入れ依存度が高かったこともあり、金利負担までを含めた収益性の指標として重視されてきました。なお、経常利益は日本特有の利益概念です。

〈売上高当期純利益率〉

売上高当期純利益率＝当期純利益÷売上高

売上高当期純利益率は、一定期間のすべての企業活動の結果として得られる利益率です。最終的な利益（現在は当期純利益以降に包括利益が記載されますが、ここでは従来の表現を使用しています）が、株主への配当原資や資本の増加にどの程度結びついたかを表します。

売上高当期純利益率は、通常の企業活動以外の活動（固定資産の売却等による利益や業績の悪い事業や子会社の整理による損失など）の影響を受けます。したがって、売上高当期純利益率が高い／低いにしても、どのような要因によってもたらされた利益率なのか、内容を確認する必要があります。

▼【財務指標の使い方③】効率性分析

効率性は、外部から調達したおカネをいかに有効に活用して売上、利益を獲得したかを測る指標です。同じ成果であれば、そのために必要なおカネは少ないほど効率がいいということです。たとえば、プロスポーツで選手の年俸総額１００億円で50勝を挙げるチームと年俸総額20億円で50勝を挙げるチームでは、あくまでおカネの有効活用という意味では後者のほうが5倍効率が優れているということになります。

経営において効率が悪いというと、たとえば、売上債権の回収が遅れる、在庫が溜まってしまうといった事象が考えられます。これらは、運転資本の増加につながります。つまり、経営効率が悪化すると、その分追加の資金調達が必要になります。金利負担の増加により収益性は悪化しますし、おカネが調達できないと最悪の場合、事業継続が難しくなります。

〈総資産回転率〉

総資産回転率＝売上高÷総資産（資産合計）

総資産回転率は、会社の資産すべてをいかに効率的に使って売上に結び付けているかを表す指標です。スポーツチームにたとえると、選手、サポートスタッフ、施設などのすべてのリソースを活用して勝利にどれだけつなげたかということです。総資産回転率が高いほど、資産を効率的に使って売上を上げていることを表します。総資産回転「率」というときは、単位は「回」で表します。１回であれば、資産＝売上であり、２回であれば、資産は売上の半分です。

〈売上債権回転率〉

売上債権回転率＝売上高÷売上債権

売上債権回転率は、会社の売上債権をどの程度効率的に回収しているのかを表す比率です。売上債権には、一般に受取手形、売掛金、貸倒引当金、手形割引高が含まれます。売上債権回転率が高いほど、短期間で売上債権を得意先から回収していることになります。

〈売上債権回転期間(日数)〉

売上債権回転期間（日数）＝売上債権÷（売上高÷365日）

売上債権回転期間（日数）は、売上債権が売上高の何日分に相当するかを表します。売上債権回転期間（日数）は、売上債権回転率の逆数になります。

〈たな卸資産回転率〉

たな卸資産回転率＝売上原価÷たな卸資産

たな卸資産回転率は、いかに少ないたな卸資産でより多くの売上高を上げたかを表します。在庫回転率とも言います。たな卸資産には、一般に原材料、仕掛品、半製品、製品、貯蔵品が含まれます。たな卸資産回転率が高いほど、たな卸資産を効率的に売上に結び付けたことになります。

〈たな卸資産回転期間（日数）〉

たな卸資産回転期間（日数）＝たな卸資産÷（売上原価÷365日）

たな卸資産回転期間（日数）は、たな卸資産が売上原価の何日分に相当するかを表します。たな卸資産回転期間（日数）は、たな卸資産回転率の逆数になります。

さて、売上債権回転率および売上債権回転期間（日数）を計算するうえでは、通常、売上高を使います。一方、たな卸資産回転率およびたな卸資産回転期間（日数）では売上原価を使います。売上債権は販売代金、すなわち原価に利益を含めた金額であるのに対して、たな卸資産に計上されるのは原価のみ、すなわち利益を含まない金額であるためです。したがって、利益を含む金額同士（売上債権と売上高）と利益を含まない金額同士（たな卸資産と売上原価）で計算するほうがより対応関係が適正になり、計算される回転率や回転期間がより正確になります。

なお、計算を簡略化したい場合や、過去からの回転率や回転期間の傾向をざっくり把握するのが目的の場合は、たな卸資産回転率などの計算に売上高を使用することもあります。

〈仕入債務回転率〉

仕入債務回転率＝売上原価÷仕入債務

仕入債務回転率は、仕入債務がどの程度効率的に管理されているかを表します。仕入債務には、一般に支払手形、買掛金などが含まれます。仕入債務回転率が高いほど、短期間で仕入債務の支払いが行われていることになります。

資金繰りの点では、仕入債務の支払いはできるだけ延ばす（一方、売上債権の回収は早める）ほうが、会社におカネを貯めることになり、有利になります。つまり、仕入債務回転率は低いほうがよいということになります。一方、収益性の点では、仕入債務を早期に支払うことで仕入金額の一部を値引してもらう（仕入割引を受ける）等の施策も考えられます。資金繰り、収益性の両者のバランスを考慮することも必要になります。

〈仕入債務回転期間（日数）〉

仕入債務回転期間（日数）＝仕入債務÷（売上原価÷３６５日）

仕入債務回転期間（日数）は、仕入債務が売上原価の何日分に相当するかを表します。
仕入債務回転期間（日数）は、仕入債務回転率の逆数になります。

▼【財務指標の使い方④】安全性分析

安全性は、債権者に対する支払能力が十分かどうかを表したものです。債権者に対する支払いが適時に行われないと、会社は倒産してしまいます。安全性は、会社が倒産リスクを評価する財務指標ともいえます。安全性の財務指標は、Ｂ／Ｓの資金調達方法と資産構成のバランスを比較することによって示すものが多く、たとえば、総資産と自己資本のバランス、流動資産と流動負債のバランス、自己資本と固定資産のバランスなどが挙げられます。

〈自己資本比率〉

自己資本比率＝自己資本÷（負債＋純資産）

自己資本比率は、総資産のうち、どの程度自前のおカネ（自己資本）で調達した資産が占めているかの割合を表します。自前のおカネは外部に返済する必要がありませんので、事業へのさまざまな投資がどれだけ返済不要なおカネによって賄われているかという点から会社の財務安全性を把握します。自己資本は、純資産から新株予約権を（連結Ｂ／Ｓの場合は、非支配株主持分も）控除して計算します。

財務安全性の観点からは、自己資本比率は高いほうがより安全で倒産しにくい状態にあるといえます。しかし、経営の観点からは安全性が高ければ高いほどよいとはいえない場合があります。たとえば、売上が好調な製品があるとします。この製品は今後少なくとも5年間現在と同等の売上が期待できますが、今の生産設備はフル稼働している状態のため、これ以上の増産には設備の増強が必要で、10億円の借入資金が必要だとします。この場合、安全性を重視して10億円の借入をしないということは、安全性は高く保てますが、同時に、売上の成長性や収益性の改善のチャンスを逸することにもなります。適度なバランスが重要になります。

〈流動比率〉

流動比率＝流動資産÷流動負債

流動比率は、短期的な支払い能力がどの程度あるかを表します。短期間（1年以内）に支払われる予定の流動負債が、短期間（1年以内）に現金として入金される流動資産でど

の程度カバーされているかを表します。したがって、少なくとも「流動資産>流動負債」であることが必要です。しかし、流動資産の中には現金になる可能性が不確かな資産、たとえば不良債権や不良在庫が含まれているかもしれません。そこで、流動比率が高い場合でも、流動資産にこのような不良資産が含まれていないかどうか、資産の内容に留意することも必要です。

流動比率の目安としては200%あれば理想的ですが、150%程度あれば安全性には問題ないレベルといえるでしょう。

〈当座比率〉

当座比率＝当座資産÷流動負債

当座比率も流動比率同様に、短期的な支払い能力を表します。流動比率との違いは、たな卸資産等を除いた流動資産（当座資産）で、短期間（おおむね1年以内）に支払われる予定の流動負債がどの程度カバーされているかを示す点です。たな卸資産を除く理由は、他の流動資産と比べて現金化し難い、あるいは長期化する可能性があるからです。流動比率の留意点と同じ趣旨ですが、たな卸資産は販売し、さらに販売代金を回収することでようやく現金になります。たな卸資産が滞留したり不良化したりすると最悪の場合、販売できず廃棄するリスクが存在します。したがって、そのようなリスクを含むたな卸資産を除外してなお、どの程度流動負債をカバーできるかを見るわけです。すなわち流動比率をより保守的にした指標で、「当座資産＞流動負債」（当座比率＞１００％）であることが望ましいです。

〈固定比率〉

固定比率＝固定資産÷純資産

固定比率は、固定資産に対する調達資金の安全性を表す比率です。製造設備などの固定資産は一度おカネを投下すると、投下したおカネはそのあと何年間かの製造、販売活動によって回収することになります。いわば、長期にわたりおカネは〝寝る〟ことになります。仮にそのおカネを短期借入金で調達したとすると、1年以内に返済する必要がありますので返済資金に困ります。したがって、固定資産に投下するおカネはできるだけ返済の必要のない安定的なおカネ、すなわち純資産で賄うことが安全です。

固定比率は一般に、100％以下が望ましいといわれます。しかし、減価償却が進行して固定資産が小さくなっている場合（製造設備の老朽化）などは、生産性の悪化による収益性の低下や将来的な競争力の低下につながる可能性もあるので留意が必要です。

〈固定長期適合率〉

固定長期適合率＝固定資産÷（固定負債＋純資産）

固定長期適合率は、固定比率を補完する指標です。電力、ガス、航空、鉄道事業など、事業を営むために巨額のおカネが必要な会社では、設備投資資金を投資家、株主からの出資のみで賄うことは難しく、その場合、銀行などからの融資も合わせて賄うことになります。そこで、固定長期適合率は、純資産に加えて返済までに長い期間がある社債や長期借入金などの固定負債と合わせた調達資金で、固定資産をカバーできているかどうかを表します。固定長期適合率は一般に、100%以下であることが望ましいです。

〈手元流動性〉

手元流動性＝現金預金＋短期所有の有価証券

手元流動性比率＝（現金預金＋短期所有の有価証券）÷（売上高÷365日）

手元流動性は、短期的に支払うことができる現金や預金に加えて即座に現金化できる短期所有の有価証券をどの程度保有しているかを表します。流動資産も流動負債も短期的（1年以内）に収入、あるいは支出します。仮に流動負債が1カ月後に返済する必要があり、流動資産は6カ月後に現金で回収する予定であるとすると、たとえ流動比率が200%であったとしても、会社は資金繰りに窮することになります。そこで、資金面では今すぐ返済できる資金がどの程度確保されているのかは経営上重要な観点です。

手元流動性は、手元資金（現金預金、短期所有の有価証券）そのものを表す場合と、手元資金が売上高の何日分に当たるかを表す場合があります。後者の場合、一般に売上高の30日分の手元資金が目安とされます。

〈インタレスト・カバレッジ・レシオ〉

インタレスト・カバレッジ・レシオ＝（営業利益＋受取利息・配当金）÷支払利息

インタレスト・カバレッジ・レシオは、通常の活動から生み出される利益、つまり本業の利益である営業利益と金融収益（受取利息、受取配当金等）が、支払利息をどの程度上回っているかを表します。インタレスト・カバレッジ・レシオが高いほど、支払利息の支払い余力があり、財務の健全性が高いことを意味します。なお、分母の支払利息には、借入金の支払利息だけでなく、社債利息などの有利子負債に係る利息はすべて含めます。

成長段階にある会社の場合、事業拡大のために一時的に借入を増やす場合があります。したがって、会社の成長ステージを考慮して比率を見ることが望ましいです。日本の上場企業は、平均して約11倍といわれます。

▼【財務指標の使い方⑤】総合力分析

会社の代表的な総合的な収益力を表す財務指標として、ROA（総資産利益率）、ROE（自己資本利益率）があります。

〈ROA（総資産利益率）〉

ROA（総資産利益率）＝経常利益÷資産合計

ROAは、会社が保有する資産（総資産）を活用して、どれだけの利益を上げたかを表します。

ROAは、売上高経常利益率と総資産回転率に分解されます（図7－2）。

ROAを改善するには、売上高経常利益率あるいは総資産回転率を上げることが必要に

図7－2

$$\text{ROA} = \frac{\text{経常利益}}{\text{資産合計}} = \frac{\text{経常利益}}{\text{売上高}} \times \frac{\text{売上高}}{\text{資産合計}}$$

（経常利益／売上高 → 売上高経常利益率）
（売上高／資産合計 → 総資産回転率）

なります。また、ＲＯＡの分子には、経常利益以外に営業利益、当期純利益が使用される場合があります。

〈ROE(自己資本利益率)〉

ＲＯＥ（自己資本利益率）＝当期純利益÷自己資本

ＲＯＥは、株主の持分である自己資本に対して会社がどれだけの利益を上げたかを表します。

ＲＯＥの分子は株主の利益（株主への配当金の原資）である当期純利益（連結Ｐ／Ｌでは、２０１５年４月１日開始事業年度より、正確には「親会社株主に帰属する当期純利益」という名称に変更）で、分母は自己資本となります。自己資本は、純資産から新株予約権（連結Ｂ／Ｓの場合は、非支配株主持分も）を控除して計算します。

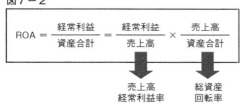

図７－３

$$\text{ROE} = \frac{\text{当期純利益}}{\text{自己資本}} = \frac{\text{当期純利益}}{\text{売上高}} \times \frac{\text{売上高}}{\text{資産合計}} \times \frac{\text{資産合計}}{\text{自己資本}}$$

売上高当期純利益率 ／ 総資産回転率 ／ 財務レバレッジ

ＲＯＥは、投資家が他の投資機会（金融資産への投資など）と会社への投資を比較する手段として、欧米では広く使用されています。日本でも、企業活動の国際化や企業の目標が事業規模（売上高）から利益重視へ移行する流れの中で、ＲＯＥを目標として掲げる会社が増えています。この流れは、２０１５年から施行されたコーポレートガバナンス・コードにより一層加速しています。

ＲＯＥは、売上高当期純利益率、総資産回転率、財務レバレッジに分解されます（図７－３）。

ＲＯＥを改善するには、売上高当期純利益率、総資産回転率、あるいは財務レバレッジのいずれかを上げることが必要になります。

売上高当期純利益率（収益性）、総資産回転率（効率性）ま

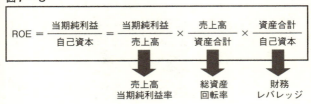

ではＲＯＡと同様の概念ですが、財務レバレッジが加わっている点が異なります。財務レバレッジとは、自己資本に対してどれだけ多くの負債を活用しているかを示したもので、自己資本比率の逆数です。財務レバレッジが上がるということは、相対的に負債比率が高まることになります。負債を有効に活用することも経営者としては考慮する必要があるとも言えますが、財務レバレッジが高くなることは借金体質になることでもあるので、バランスには留意が必要です。

もちろん、リターン（利回り）は高いほど望ましいのですが、リターンの裏側には常にリスクが存在します。国債のように価値の変動が小さいと考えられる投資はローリスクローリターン、業績の変動によって価値の変動が大きい会社の株式はハイリスクハイリターンなので、リスクに見合ったＲＯＥかどうかが問われるところです。

ＲＯＥについては、経営者が経営方針や目標を語るときに触れられたり、経済ニュースで取り上げられたりといった機会が近年着実に増えてきています。ビジネスパーソンなら一度は耳にしたことがある人も多いと思いますが、ＲＯＥがこれほど注目されるようになったのはなぜでしょうか。

大きな理由の1つとして、株式投資の世界で機関投資家の存在感が増してきたことがあります。投資家は、自身のおカネを銀行預金、国債、社債、株式、不動産投資信託などのさまざまな金融商品の中からどれに投資するのが望ましいかを考えます。その際の1つの重要な判断材料は投資利回りです。銀行預金であれば預金の金利、国債であれば利回り、株式であればROEがこれに当たります。

2017年3月期の東証1部上場会社の平均ROEは8%超となり、3社に1社が10%を超えました（それでも20%超が珍しくない欧米諸国の水準と比較すると、まだ低いといわざるを得ませんが）。この背景には、外国人投資家、国内の機関投資家や個人投資家の投資活動が活発化する中、株主総会などで投資家が経営者に対して投資に対するリターン向上を要求することも一般的になり、株主重視の経営、つまり経営者が株主の声を尊重するようになったという背景があります。

▼純資産、自己資本、株主資本の違いとは？

ROEや自己資本比率の計算式の中で出てくる「自己資本」という言葉ですが、B／S

図7−4　日産自動車　平成28年3月期　純資産内訳

（単位：百万円）

純資産の部				
株主資本				
資本金	605,814			
資本剰余金	805,646			
利益剰余金	4,150,740	株主資本		
自己株式	△148,684			
株主資本合計	5,413,516			
その他の包括利益累計額			自己資本	
その他有価証券評価差額金	64,030			
繰延ヘッジ損益	△4,486			純資産
為替換算調整勘定	△582,363			
退職給付に係る調整累計額	△155,487			
その他（＊）	△13,945			
その他の包括利益累計額合計	△692,251			
新株予約権	502			
非支配株主持分	413,978			
純資産合計	5,140,745			

（＊）実際のB/Sを一部加工しています。

では、資産と負債の差額は「純資産」と表記されます。また、似たような文脈の中で「株主資本」という言葉もよく出てきます。ざっくりとした理解では、純資産、自己資本、株主資本のいずれも会社の正味の財産という意味であり、それぞれの違いはあまり気にしなくてもよいと思います。2006年に会社法が改正されるまでは、これら3者には実質的な違いはありませんでした（そもそも、それ以前には純資産という概念はありませんでしたが）。

しかし、厳密には以下に示すような違いがあります。日産自動車の平成28年3月期の純資産の内訳を元に解説しましょう（図7−4）。

純資産は、「株主資本」「その他の包括利益累計額」「新株予約権」「非支配株主持分（連結財務諸表のみ）」の4つから構成されています。見ての通り、株主資本は純資産の一部であることがわかると思います。

〈株主資本＝資本金＋資本剰余金＋利益剰余金－自己株式〉

株主からの出資（資本金と資本剰余金）と会社がこれまで稼いだ利益の累計額（配当などを支払った残りで、内部留保ともいわれます）の合計から会社が保有する自己株式を差し引いた金額になります。

〈その他の包括利益累計額＝その他有価証券評価差額金＋繰延ヘッジ損益＋為替換算調整勘定（連結財務諸表のみ）＋退職給付に係る調整累計額等〉

ざっくりの理解としては、会社が保有する資産や負債の「含み損益」です。たとえば、「その他有価証券評価差額金」とは、会社が株式持ち合い等で保有する上場株式の含み損益のことです。仮に今売却したら発生する損益です。「株主資本」は、既に確定した株主の持分であるのに対して「その他の包括利益累計額」は暫定的な株主の持分という違いがあるため区別します。

なお、「株主資本」＋「その他の包括利益累計額」を一般に「自己資本」といいます。実は、Ｂ／Ｓの表記には自己資本はありません。また、一般的には、

ＲＯＥ＝（親会社株主に帰属する）当期純利益÷自己資本

と表されます。分母の自己資本は株主資本＋その他の包括利益累計額になります。

「新株予約権」の代表例はストックオプションですが、新株を購入する権利を保有するのは必ずしも現在の株主とは限りません。また、「非支配株主持分」は、現在の会社の株主の持分ではありません。

「株主資本」と「自己資本」は、確定か暫定かの違いはあるものの会社の現在の株主の持分であるのに対して、新株予約権と非支配株主持分は必ずしも現在の株主の持分とはいえない部分です。純資産には会社の現在の株主の持分以外も含まれるので注意が必要です。

▼ROAとROEの違いとは？

両者の違いは、計算式上は財務レバレッジを含むかどうかですが、指標の表す意味はそれ以上の違いがあります。

端的にいうと、ROAは経営者のパフォーマンスを表し、ROEは株主の持ち分のパフォーマンスを表します。

ROAは、経営者が会社の資産をフル活用していかに売上、そして利益を上げているかという経営者のパフォーマンスが評価対象となります。一方、ROEは、自身の出資額を含めた株主の持ち分がいかに追加の利益を生んだかという投資利回り、すなわち株主の持ち分のパフォーマンスが評価対象となります。両者は、似て非なる財務指標であり、測るべきパフォーマンスの対象が異なります。経営者としては、ROAを目的とした経営をすべきでしょう。おカネに色が付いていない以上、株主の持ち分だけを効率的に使って利益を上げることは不可能でしょう。また、ROA、ROEの計算式からも明らかなように、ROAを改善すれば結果としてROEも上昇します。

最近は、ＲＯＥの目標値を掲げる会社も増えてきました。これは、経営者として、重要なステークホルダーである株主の意向を経営に反映することが重視される傾向にあるということでしょう。

▼財務指標分析の留意点

財務指標を使った財務諸表分析だけでは、会社の経営状況や事業戦略を十分に把握することはできません。以下の留意点を念頭に置く必要があります。

〈会計方針の違い〉

減価償却費の計算方法に定額法、定率法などの複数の方法が会計ルール上、認められています。どの方法を採用するかによって計算される資産や利益の額は異なります。また、日本基準、米国会計基準、国際財務報告基準（ＩＦＲＳ）での会計ルール間の相違もあります。したがって、比較対象が同じ計算ベースかどうかに留意する必要があります。

〈取得原価主義〉

B／Sに計上される資産、負債の金額は取得したときの金額がベースとなっています（この考え方を取得原価主義といいます）。現在の会計ルールでは、有価証券やたな卸資産などの一定の資産については、決算時点の時価が取得原価を下回る場合は時価に置き換えられますが、すべての資産や負債が決算時点の時価に修正されてはいません。また、時価が取得原価を上回る場合は時価には修正されませんので、資産、負債に含み益、含み損が存在します。

〈財務諸表に表れない項目〉

自社で開発、醸成されたブランドやノウハウなどの無形資産は財務諸表には計上されていません。ブランドやノウハウなどに価値があることはわかるのですが、その価値を客観的に測定するのが困難なことなどがその理由です。

〈業界特性〉

業種、業界が異なれば、その事業を営むのに必要な資産の種類や大小やその資産を購入する資金の集め方、事業の収益性などの性格が異なることは当然といえます。したがって、異なる業種、業界の会社を財務指標の数値のみで比較してもあまり意味がありません。

〈成長ステージ〉

同業種、業界の会社であっても、成長ステージが異なれば、売上高成長率や資金調達の違いによって自己資本比率などの安全性の指標には、当然のことながら違いが生じますので比較の際には注意が必要です。

▼その他の財務指標

〈EPS(earnings per share)〉

「当期純利益÷期中平均発行済株式数」で示される指標で、１株当たり当期純利益を表します。株主、投資家にとっては投資に対する毎年の価値の増分を意味します。利益の成長性や配当性向などを競合他社と比較分析することができます。ＥＰＳが成長している要因は、当期純利益の増加、あるいは、発行済み株式の減少が考えられます。なお、自己株式は1株当たり利益の計算において、発行済株式数から控除されます。自己株式を取得することはＥＰＳの上昇につながります。

〈PER(Price Eanings Ratio)〉

「株価÷1株当たり利益」で示される指標です。株価収益率ともいわれ、株価が1株当たり利益の何倍かを表します。この指標は、株価を会社の利益の何年分と見るかということも示しているので、1年分より2年分といったように、年数（倍数）が大きいほど、会社の利益が将来にわたって長く期待できることを意味します。したがって、ＰＥＲが高い会社ほど株価が高く評価されることになります。

ＰＥＲは会社によっても異なりますが、業種によっても異なります。一般に、売上や利益の成長率の高い会社や業種のＰＥＲは高く、反対に、景気変動の影響を受けやすく業績のアップダウンが激しく将来の業績が読みにくい会社や業種のＰＥＲは低く評価される傾向があります。日本の上場会社のＰＥＲは14～20倍程度といわれますが、ＰＥＲは国全体の景気の影響も受けますので、上場会社全体のＰＥＲ水準は好景気時には高く、不況時には低くなります。したがって、ＰＥＲは絶対的な指標というよりは相対的な指標として捉える必要があります。

たとえば、会社の現在のＰＥＲを同業他社のＰＥＲ、あるいは過去の自社のＰＥＲと比較することによって、相対的に現在の会社の株価が割高（ＰＥＲが高い）／割安（ＰＥＲが低い）であるかを評価します。従来、20倍前後で推移してきたＰＥＲが30倍まで高まった場合は、株価が過熱状態にある可能性が高いでしょう。

ＰＥＲに関する最近のトピックスは、自己株式を取得する会社の株価が上昇傾向にあるというものです。これはどうして起こるのでしょうか。

１株当たり利益は会社の（親会社株主に帰属する）当期純利益を発行済株式数で割って求めますが、その際、会社が保有する自己株式は発行済株式には含めません。したがって、自己株式を多く取得するほど、割る際の発行済株式数が下がり、当期純利益の金額は変わらなくても1株当たり利益は高まります。そして、１株当たり利益が高まると現在の株価に対してＰＥＲが低下します。

たとえば、株価を１００円、１株当たり利益は１００円とします。このとき、

PER＝1000円÷100＝10

ですが、自己株式を取得して1株当たり利益が100円から125円に上昇したとします。すると、

PER＝1000円÷125円＝8

となります。1株当たり利益が100円から125円に上昇することによって、「PER」は10から8に低下します。PERが低下すると、あくまで相対的にですが割安感が増します。このとき、株式市場の評価がPERは8倍でなく従来の10倍まで評価してもよいのではないか、となると、

株価＝1株当たり利益(125円)×PER(10倍)＝1250円

となり、株価が上昇する（１０００円→１２５０円）という関係です。理論的には、自己株式を取得しても株価には中立といわれているのですが、株式市場における株価評価には投資家心理も反映されますのでこのようなことも起こりうるのです（たとえば、「自己株式の取得を決めたということは、その会社は自社の現在の株価が割安だと見ているのだろう」という投資家の推測が反映された、との解釈が成り立ちます）。

〈PBR(Price Book Value Ratio)〉

「株価÷１株当たり純資産」で示される指標です（厳密には、純資産から新株予約権〈連結B／Sの場合は、非支配株主持分も〉を除きます）。

ＰＢＲは、株価が１株当たり純資産の何倍かを表します。ＰＢＲが大きいほど、株価は高くなります。会計ルール上、純資産には会社の中で培われた技術、製造、販売等のノウハウ、人材などの価値は含まれません。一方、株価は投資家それぞれの無形の資産価値の評価も反映された金額です。したがって、通常は「株価∨１株当たり純資産」、すなわち「ＰＢＲ∨１」となるはずです。したがって、「ＰＢＲ∧１」（ＰＢＲが１割れ）ということは、会社の無形の資産がまったく評価されていないばかりか、B／Sの純資産を構成する株主からの出資金と会社のこれまでの利益の蓄積（利益剰余金）すら十分に株価に反映されていないということを意味します。

株価の水準は国内外の経済情勢等の影響を受けるため、一時的に株価水準が全体として低迷しているときはＰＢＲが低下（1割れ）することもあります。何らかの理由で株価が会社の実力を反映していない、適正価格でないと評価される場合、近い将来株価は適正価格まで是正されると予測されます。要するに、「今のうちに買っておけ」のサインとなります。これが、ＰＢＲが1を割ると「割安」といわれる所以です。

ところが、中には適正に評価された結果、「ＰＢＲ＜1」となる場合もあるので注意が必要です。無形の資産の価値も含めて適正に評価した結果、なお「ＰＢＲ＜1」となる場合です。いわゆる「割安のワナ」の状況です。資産の価値の株価への反映は、資産が有効に活用され、将来いくらのキャッシュを会社にもたらすのかを評価した結果です。つまり、潜在的には素晴らしい技術、人材、ノウハウ等の無形の資産であっても、それらが経営者によって活用されずに将来の売上、利益につながらなければ、価値がないと評価されるということです。

経営者としては、自社の株価が低迷している場合、原因が全体の株価水準の面だけでなく、会社に存在する無形の資産を経営に活かしきれていないのではないかという問題意識を持つ必要があるでしょう。

▼ROEはどうやって高めればいい？

改めて、ROEを改善するために会社は何をすべきか考えてみましょう。ここまで説明してきましたように、ROEを高めるためには、収益性を高める、効率性を高める、財務レバレッジを高めるといった3つの方向性があります。

効率性を高めるという点において、我が国では個人と同様に会社も貯蓄率が高い傾向にあります。毎年の事業活動で儲かった利益を、使わずに貯め込んでいるということです。具体的な例として、B／Sの「現金及び預金」や「(投資）有価証券」などの余剰資金の比率が高い会社が見られます。余剰資金は、事業に投下されていない、いわば眠ったおカネですので、余剰資金が多いと効率性（おカネの効率的な運用）が低下します。最近、株主総会で株主から「おカネをもっと事業に積極的に投下すべき」という要求があるという話を聞きますが、この点を指摘したものです。おカネを事業に投下してより多くの売上を上げることで、総資産回転率（売上高÷総資産）が高くなりＲＯＥが高まります。

一方で、おカネを事業に投下しないのであれば、配当を増やして株主に還元するべきという要求もあります。配当金を増やすと会社内に蓄積される利益剰余金（内部留保）が減少します。また、自己株式を積極的に購入するという会社も多くみられます。自己株式は会計ルールでは株主資本から控除されますので、自己株式を購入すれば自己資本は小さくなります。これらの施策はいずれもＢ／Ｓの株主資本を減らすことにより財務レバレッジ（総資産÷自己資本）を高めることでＲＯＥを高める効果があります。

財務レバレッジを高めることでＲＯＥを高める施策として最近注目されているのが「リキャップＣＢ（転換社債型新株引受権付社債）」です。東レ、カシオ計算機、ＬＩＸＩＬ、日本ハム、ヤマダ電機等既に数十の会社で実施されています。リキャップとは資本構成のリキャピタライゼーション（recapitalization）、つまり負債と資本のバランスを変更する手法です。リキャップCBの発行とそれによって得たおカネで自己株式を購入することで相対的に負債の割合を増やし、財務レバレッジを高めることによってROEを高めようというものです。即効性が高く、短期間でROEを高める効果があることが、人気の理由かもしれません。

一方で、日本の会社は欧米の会社に比べて収益性（売上高当期純利益率）が低いと指摘されます。逆にいえば、収益性の側面についてはまだまだ改善の余地が大きいといえます。効率性や財務レバレッジに比べて時間はかかるかもしれませんが、会社の収益性（稼ぐ力）の改善によってROEを高めることが今後ますます必要になるでしょう。

第8章

実例で見る財務諸表分析

▼財務諸表分析をする前に

ここからは、これまでに解説した財務指標を使いながら、実際の会社の例を用いて財務諸表分析の流れを見ていきます。

財務諸表分析をする際にはいくつか注意する点があります。

たとえば、営業利益率が10%といっても、絶対的な水準として10%がよいのかどうかの判断はできません。薄利多売といわれるように流通業は製造業と比べると営業利益率は低いことが一般的でしょう。業界やビジネスモデルが異なれば、当然営業利益率の水準は異なります。また、業界やビジネスモデルによって利益創出のパターンは変わります。製薬業のように売上総利益率が高い業界もあれば、海外との取引が盛んな会社では為替の影響により営業外費用/収益が大きく影響を受けたりします。したがって、利益率の比較は基本的に同じ業種の中でするべきであって、他業種との比較はあまり意味がないかもしれません。

また、同じ業界であっても、会計基準（日本基準、米国会計基準、国際財務報告基準等）の相違や減価償却方法の違いなど会計処理方法の違いによっても財務指標の数値は異なりますので、比較対象となる数字や数値の計算前提が同じかどうかの確認も必要になります。

さらに、これは分析の目的にもよりますが、たとえばある2社を比較してどちらの会社と取引をするか決めるといった場合、収益性、効率性ではA社、安全性ではB社というように、必ずしもどちらか一方がすべての面で優れているわけではないことがあります。このような場合は、取引の目的は何か、分析主体である当社にとってどれが最も重要視されるべき財務指標であるかを明確にしたうえで比較を行なう必要があります。

事業多角化により複数の事業を展開している場合も注意が必要です。一般に事業規模が大きくなるといくつかの異なる事業を営む会社も増えると思われます。中には、急成長している事業もあれば成熟期の事業もあるかもしれませんし、利益率の高い事業もあればそうでない事業もあるかもしれません。会社全体としての売上高や利益、総資産のような財務数値を使って計算される財務指標は、どの程度の割合で複数の事業が営まれているかによって影響の現れ方が変わることになります。

ここでは、特定の目的はあえて設定せずに、どちらの会社が優れているかという点ではなく、会社の事業内容や事業の特徴がどのように財務諸表の数字や財務指標の数値に現れているか、という点に重点を置いて考えてみたいと思います。同業他社を比較対象とするのは、あくまで財務指標の数値を相対的に比較することで分析対象の会社の事業内容やビジネスモデルを理解しやすくするためと捉えてください。

▼【財務諸表分析①】成長性分析

まず、売上高の成長性について分析してみましょう。

ブロンコビリーは、2007年に上場した、東海地方を地盤とするステーキ・ハンバーグ中心のレストラン・チェーンです。過去6年間の売上高の推移を見ると、年平均で約14%成長し、さらに直近年度こそやや鈍化したものの成長ペースがこのところ急であることがわかります。売上成長の要因を確認してみましょう。売上高は、単価と数量の積ですから、売上高が成長している場合、その原因が単価の上昇にあるのか、数量の増加にあるの

図８−１　ブロンコビリー（店舗型ビジネス）の例

年度	2011年12月期	2012年12月期	2013年12月期	2014年12月期	2015年12月期	2016年12月期
売上高（百万円）	9,503	9,983	11,290	13,049	15,926	18,010
成長率（%）	—	5.1	13.1	15.6	22.0	13.1

年度	2011年12月期	2012年12月期	2013年12月期	2014年12月期	2015年12月期	2016年12月期
売上高（百万円）	9,503	9,983	11,290	13,049	15,926	18,010
店舗数	69	70	74	85	97	108
店舗当たり売上高（百万円）	137.7	142.6	152.6	153.5	164.2	166.8

か、あるいはその両方が考えられます。そこで、過去6期間の店舗数の情報を併せて見てみましょう。

売上高に店舗数の情報を加えることで、１店舗当たり売上高が算出できます。

同社では、6期間で売上高が約90%増加しています。店舗当たり売上高の推移を確認すると、１店舗当たりの売上高は同期間で約21%増加しています。一方、店舗数は69店舗から１０８店舗へと約57%増加しています。

（6期間累計）売上高増加率（１８９・５％）＝店舗数増加率（１５６・５％）×店舗当たり売上高増加率（１２１・１％）

こう見ると、店舗当たり売上高の増加よりも、店舗数の増加によって売上高が増加していることがわかります。

売上高を単に金額の増減として捉えるだけでなく、売上高の成長要因を店舗当たり売上高の増加なのか、あるいは店舗数の増加なのか、要素分解することで会社がどちらにより比重を置いているかがわかります。どちらを伸ばすのが正解かということではなく、会社の事業特性やビジネスモデルと、実際に進められている会社の事業戦略との整合性や、戦略の実現状況をチェックしていくことがポイントです。

次にサントリーの例を見てみましょう。

これは、サントリー・グループの持ち株会社であるサントリー・ホールディングスの連結決算です。おなじみの酒類事業だけでなく、清涼飲料や食品など傘下の事業をすべて含めたものです。過去6期間の売上高を見渡してみると、とくに2014年には対前年度20%超の成長があったのが目立ちます。

図８－２　サントリーの例

年度	2011年12月期	2012年12月期	2013年12月期	2014年12月期	2015年12月期	2016年12月期
売上高（百万円）	1,802,791	1,851,567	2,040,204	2,455,249	2,686,765	2,651,479
成長率（％）	—	2.7	10.2	20.3	9.4	△1.3

会社のスタートアップ期ならともかく、売上高が１兆円を超えるような会社が年によっては前年比20％を超えるような成長ステージにあるとは、なかなか考えにくいでしょう。ある程度の規模の会社がこのように大幅な売上高成長を見せる場合は、企業買収（Ｍ＆Ａ）が考えられます。実際に、２０１４年度には米国の大手企業の買収や英国での事業の譲渡による売上高の増加が１０００億円規模ありました。２０１５年度には、国内の飲料会社の買収により約６００億円の売上高増加になりました。

企業買収は、社内での新製品の開発や新市場の開拓などに比べて、買収した直後からその企業の売上高や利益を買収した企業のＰ／Ｌに反映させることができる即効性が期待されます。

しかし、企業買収、とくに海外企業の買収では、その後のガバナンスをどう効かすかがシナジーの実現や売上高の継続的な成長のキーとなるでしょう。

このように、売上高の増加といってもその要因はいくつか考えられます。分析目的にもよりますが、会社の売上高の成長がどの要因からもたらされているかを明らかにすることはやはり重要です。売上増加の要因によって、今後さらなる成長が期待できるかどうかという評価も変わってくるからです。

▼【財務諸表分析②】収益性分析

ドラッグストア大手の2社の収益性を比較してみます。両社ともに営業利益率は4〜5%の水準ですが、売上総利益率は8%超の差が開いています。

スギ薬局（スギホールディングス株式会社）は、ドラッグストア業界でもドラッグ・調剤事業に重きを置いています。店舗内の調剤併設比率は約8割と推定され、粗利率の高い調剤の売上高比率は売上高全体の約2割と相対的に高くなっています（業界最大手のマツモトキヨシ、サンドラッグはそれぞれ約7%、約2%）。

一方、コスモス薬品は、売上高の55・2%（2016年5月期）が食品です。EDLP（エブリデーロープライス、現金正札）を掲げることで、近隣スーパーでの生鮮3品購入

図８－３

（単位：百万円）

会社	スギ薬局		コスモス薬品	
年度	2015年 2月期	2016年 2月期	2015年 5月期	2016年 5月期
売上高	383,644	414,885	408,466	447,273
売上総利益	105,626 （27.5%）	115,710 （27.9%）	78,074 （19.1%）	86,853 （19.4%）
販売費及び 一般管理費	84,764 （22.1%）	92,597 （22.3%）	60,993 （14.9%）	68,205 （15.2%）
営業利益	20,861 （5.4%）	23,112 （5.6%）	17,080 （4.2%）	18,648 （4.2%）

前後の加工食品の「ついで買い」を狙う事業戦略を採っています。ＥＤＬＰによる加工食品の売上割合が大きいことが売上総利益の低さに表れています。

次に、販売費及び一般管理費に目を向けてみます。コスモス薬品はスギ薬局に比べて売上高販管費率が低いです。コスモス薬品は、販売価格を低く抑えるために、管理にコストがかかるポイントカードを廃止し、電子マネーやクレジットカードの取り扱いを行なっていません。支払いを現金のみにして、その分販売価格を抑えることで消費者に還元する戦略によるものです。このような管理コストの削減によるローコストオペレーションが売上高販管費率の低さに貢献していると考えられます。

スギ薬局では、ドラッグ・調剤事業にかかる薬剤師などの人件費負担が、コスモス薬品に比べて高くなっています。売上高に対する人件費の割合は、スギ薬局：9・4％（2015年2月期）、9・7％（2016年2月期）に対し、コスモス薬品：6・3％（2015年5月期）、6・3％（2016年5月期）とスギ薬局のほうが約3ポイント高くなっています。同じ業界でも、販売戦略の違いによる販売商品の構成やそれに必要な費用の違いが売上総利益や営業利益に反映されることがわかるのではないかと思います。

なお、（加工）食品は医薬品や日用雑貨よりもたな卸資産回転率が高いと考えられます。そのため、コスモス薬品のたな卸資産回転率は、スギ薬局をはじめとする一般的なドラッグストアよりも高く、すなわちその分手元の現金預金を増やすことにつながっていきます。コスモス薬品の売上高は、直近5年間で1・6倍と成長しています。売上高の成長は主として店舗の増加（直近5年間で457店舗から738店舗）によるものです。こうした効率的なキャッシュ創出力が急激な店舗出店を支えていると思われます。

▼【財務諸表分析③】効率性分析

次は、効率性分析について見ていきましょう。まずは、大手消費財メーカー2社を比較

図８－４

（単位：日）

会社/会計基準	花王（IFRS）		P&G（米国会計基準）	
年度	2015年12月期	2016年12月期	2015年6月期	2016年6月期
売上債権回転期間	52.2	52.2	23.6	24.4
たな卸資産回転期間	83.8	94.6	49.0	52.3
仕入債務回転期間	114.5	124.2	80.2	103.4
CCC（＊）	21.5	22.6	△7.6	△26.7

CCC：キャッシュ・コンバージョン・サイクル

してみました（図８－４）。

図に出てくるＣＣＣ（キャッシュ・コンバージョン・サイクル）とは、製造に必要な材料の購入など、資金を投じてから製品を販売して売上代金を回収するまでに要する日数を表しています。ＣＣＣは、一般に「売上債権回転期間＋たな卸資産回転期間－仕入債務回転期間（日数）」で表されます。日数が短いほど資金効率が高いことを示し、ＣＣＣが長い（短い）ほど、運転資本は多く（少なく）必要になります。

花王は、海外事業への設備投資などのための資金効率を上げるため、近年ＣＣＣを改善することを目標に掲げ、たな卸資産の圧縮などにより、ＣＣＣの短縮を図っています。一方、Ｐ＆Ｇはアメリカの家庭用品大手企業です。こちらは、花王と比べて圧倒的にＣＣＣが短く、何とマイナスになっています。

内訳を確認すると、仕入債務回転期間は同水準ですが、売上債権回転期間とたな卸資産回転期間は大差がついています。日本と米国の商慣習の違いがあるため、この数値だけで単純に優劣の比較は難しいですが、概して欧米の会社はＣＣＣが短く、資金効率が高いといえます。

次は、航空会社２社の総資産回転率を比較してみます（図８－５）。ＬＣＣのピーチは航空機のリース（オペレーティングリース）を多用しています。会計ルールでは、リース取引の内、オペレーティングリースに区分されるリース取引による資産（この場合は航空機）はＢ／Ｓには計上されません。そのため、自社保有の航空機の割合の高いＡＮＡの方が総資産に占める有形固定資産の割合が高くなります。その結果、売上高に対する総資産の割合が小さいピーチの方が、総資産回転率が高くなっています。

これは会計ルールでのリース契約の取り扱いの違いがもたらした影響ですが、ファブレスメーカー（工場を持たないメーカー）なども同様の傾向があります。自社で工場を持た

図８－５

（単位：百万円）

会社	ピーチ		ANA	
年度	2016年3月期	2017年3月期	2016年3月期	2017年3月期
総資産	36,844	41,359	2,228,808	2,314,410
（内、有形固定資産）	(3,339)	(6,796)	(1,327,954)	(1,360,263)
売上高	47,939	51,709	1,791,187	1,765,259
総資産回転率（回）	1.30	1.25	0.80	0.76

ず外注先を利用するファブレスメーカーは、工場や製造設備などを持たないため総資産の金額が相対的に小さくなります。その結果、自社工場や製造設備を保有するメーカーと比べると相対的に総資産回転率が高くなります。また、総資産回転率の改善は、ＲＯＡ、ＲＯＥの改善にもつながります。

また一般論として、現金保有比率の高い企業は相対的に総資産回転率が低くなります。現金及び預金は、未だ事業に投下されていない資金であるため、それ自体が売上、利益につながることはありません（預金利息はありますが、目下の低金利下では大きな利益は期待できません）。すなわち、眠っているおカネが足かせになって事業の効率性が損なわれているということになります。資金を事業に投下し、効果的に売上、利益につなげることがつまりは効率的な経営を意味し、それは総資産回転率の高さとなって表れるということになります。

▼【財務諸表分析④】安全性分析

安全性は、売上成長率や利益率といったP／Lや、資産の構成といったB／Sの左側と比べて、事業に共通の特徴がはっきりと出ることは多くありません。というのは、資金調達の方法は個々の会社の財務戦略によるところが大きいためです。借入による財務レバレッジを積極的に効かせる会社もあれば、安全性を重視してあまり借入を増やさず、できるだけ株主からの拠出や利益の内部留保によっておカネを調達する会社もあります。

また、純資産も性格の異なる複数の項目から構成されています。したがって、同業他社比較といっても単純に安全性の良し悪しを比較し難い部分もありますが、ここでは、精密機器メーカーの2社の純資産比率を比較してみます（図8－6）。純資産比率は、純資産を総資産で割って求めます。第7章で紹介したとおり、厳密には自己資本比率と数値が異なりますが、ここでは便宜上こちらを用いることとしました。意味するところはほぼ同じと捉えていただいて構いません。ニコンは直近2期間の純資産比率が50％台であるのに対してオリンパスは40％前後となっています。この差をさらに分析するため、純資産の内訳

図８－６

会社	ニコン		オリンパス	
年度	2016年 3月期	2017年 3月期	2016年 3月期	2017年 3月期
純資産比率（%）	54.7	52.4	38.4	43.5

（純資産の内訳）

（単位：百万円）

会社	ニコン		オリンパス	
年度	2016年 3月期	2017年 3月期	2016年 3月期	2017年 3月期
資本金及び 資本剰余金	146,099 (15.1%)	146,099 (14.7%)	215,460 (21.5%)	215,745 (21.8%)
利益剰余金	376,002 (38.9%)	360,146 (36.1%)	172,989 (17.3%)	245,362 (24.8%)
自己株式	△13,255 (△1.4%)	△13,215 (△1.3%)	△1,122 (△0.1%)	△1,122 (△0.1%)
株主資本計	508,847 (52.6%)	493,031 (49.4%)	387,327 (38.7%)	459,985 (46.4%)
その他	19,432 (2.0%)	29,667 (3.0%)	△3,044 (△0.3%)	△29,105 (△2.9%)
純資産合計	528,280 (54.7%)	522,699 (52.4%)	384,283 (38.4%)	430,880 (43.5%)

※比率は%で、総資産に対する割合を示しています。

を見てみましょう。

株主からの出資である資本金及び資本剰余金はオリンパスの方が大きいですが、利益剰余金はニコンが上回っています。純資産比率の両者の差は、主に利益剰余金の差であることが読み取れます。利益剰余金は、これまでも何度か出てきましたが、簡単にいうと会社の過去から現在に至るまでの利益の蓄積です。利益剰余金の割合が高いということは、ニコンが過去から安定的に利益を計上してきたと推察されます。一方、オリンパスは配当性向が高かったのか、過去に赤字を出したのかで利益剰余金の割合が比較的小さく、株主からの拠出である資本金及び資本剰余金の割合が高いことがわかります。実際、オリンパスは過去7年の間に赤字（当期純損失）を2度経験し、増資を2度行っています。

次は、安全性の珍しい事例を紹介します。

フィリップモリスは、2012年度以降、債務超過（株主資本がマイナス）となっています（図8－7）。債務超過の状況は、安全性の観点からは非常に危ないといわざるを得ません。一般の事業会社であれば倒産に瀕している状況といっても過言ではないと思いま

図８－７　フィリップモリスの例

（単位：百万ドル）

年度	2011年度	2012年度	2013年度	2014年度	2015年度	2016年度
株主資本	551	△3,154	△6,274	△11,203	△11,476	△10,900
（内、自己株式）	（△19,900）	（△26,282）	（△32,142）	（△35,762）	（△35,613）	（△35,490）
総資産	35,488	37,670	38,168	35,187	33,956	36,851

す。しかし、フィリップモリスの場合、債務超過となったのは自己株式の取得が主たる要因です。２０１６年度末における自己株式は３５４億９０００万ドルであり、これを考慮すれば、債務超過どころか財務安全性は問題ない水準となります。

自己株式は、会計上は株主資本のマイナスとして表示されるため取得の規模によっては表面上債務超過となりますが、自己株式を再度株式市場で売却することもできますので、仮に売却すれば債務超過を一気に解消することも可能です。したがって、フィリップモリスの場合は、主たる事業のライフサイクルなどを考慮して事業へ投資するよりも株主還元に積極的に資金を投入するという財務戦略のもと、自己株式を大量に取得した結果といえます。

債務超過といっても、その要因が継続的な赤字によるものなのか、それとも会社の財務戦略による意図したものなのかを分析することは、真の意味で会社の財務状況を把握するために重要であることを示唆する事例といえるでしょう。

▼【財務諸表分析⑤】セグメント情報による分析

セグメントとは、全体を何らかの基準や切り口で区切った部分や区分という意味です。会社においては、事業の種類や地域といった切り口でセグメントが設定されます。そして、セグメントの売上高、利益、資産などの情報をセグメント情報といいます。

日本を代表する大手家電メーカー、パナソニックとソニーの2社を例に、セグメント情報に会社の事業戦略、事業ごとの収益性や効率性がどのように反映されているかを見てみましょう。

総合家電メーカーである両社は、同じ事業セクターに属し、営業利益率でもおおよそ拮抗しているといえます（図8－8）。しかし、両社の事業領域を確認してみると別の面が見えてきます。

〈パナソニック〉

両社のセグメント情報では、

図８－８

（単位：億円）

会社	パナソニック		ソニー	
年度	2016年3月期	2017年3月期	2016年3月期	2017年3月期
売上高	76,263	73,437	81,057	76,033
営業利益（率）	2,303（3.0%）	2,768（3.8%）	2,942（3.6%）	2,887（3.8%）

アプライアンス、エコソリューションズ、ＡＶＣネットワークス、オートモーティブ＆インダストリアルシステムズ、その他の５事業部門

〈ソニー〉

モバイル・コミュニケーション（ＭＣ）、ゲーム＆ネットワークサービス（Ｇ＆ＮＳ）、イメージング・プロダクツ＆ソリューション（ＩＰ＆Ｓ）、ホームエンタテインメント＆サウンド（ＨＥ＆Ｓ）、半導体、コンポーネント、映画、音楽、金融、その他の10事業部門

に報告セグメントが区分されています。報告セグメントとは、会社が識別した事業セグメント（複数の事業セグメントを集約する場合もあります）のうち、セグメント情報を開示すべきセグメントを指します。会社に存在する数々の事業セグメン

トのうち、どれを報告セグメントとするかは会計ルールに従って決定されます。

両社とも大きく業種を分類すれば、同じ「総合家電メーカー」のカテゴリーに属しながらも、実はそれぞれ独自の事業展開をしていることがわかります。

それでは、両社の各報告セグメントの収益性の違いを見てみましょう。

パナソニックでは、オートモーティブ&インダストリアルシステムズが売上高の34・9%で最大のセグメント、以下、売上の大きい順にアプライアンス、エコソリューションズを加えた上位3セグメントで全体の87・6%の売上を上げています。上位3セグメントは収益性の面でも好調で、営業利益率はグループ全体の3・8%を上回って貢献していることがわかります（図8－9）。

ソニーの売上高の構成は、ゲーム&ネットワークサービス、金融、ホームエンタテインメント&サウンドが上位3位ですが、構成比はそれぞれ21・7%、14・3%、13・7%と圧倒的な割合とはなっていません。そして、利益面は報告セグメントによって大きく異なります。金融（15・3%）、音楽（11・7%）と2桁の利益率を計上する一方で、コンポ

図８－９
パナソニック　2017年3月期

（単位：億円）

	アプライアンス	エコソリューションズ	AVCネットワークス	オートモーティブ&インダストリアルシステムズ	その他	調整他	合計
売上高	23,245	15,457	10,407	25,612	6,566	△7,850	73,437
営業利益*（営業利益率）	1,043（4.5%）	625（4.0%）	296（2.8%）	1,093（4.3%）	80（1.2%）	△369	2,768（3.8%）

＊ 正確にはセグメント利益です。営業利益をセグメント利益としている会社が一般的ですので、ここでは営業利益としています。

図８－10
ソニー　2017年3月期

（単位：億円）

	MC	G&NS	IP&S	HE&S	半導体	ニンポーネント	映画	音楽	金融	その他	調整	合計
売上高	7,591	16,498	5,796	10,390	7,731	[illegible].954	9,031	6,477	10,875	2,670	△2,981	76,033
営業利益（営業利益率）	102（1.3%）	1,356（8.2%）	473（8.2%）	585（5.6%）	△78（△1.0%）	△604（△30.9%）	△805（△8.9%）	758（11.7%）	1,664（15.3%）	309（11.6%）	△871	2,887（3.8%）

ーネント（△30・9％）、映画（△8・9％）と比較的大きな赤字を計上したセグメントもあります。営業利益額の面では、金融、ゲーム、音楽が大きく貢献していること、特に金融事業で会社の全体の営業利益の約6割を稼いでいることがわかります（図8－10）。この点をみるとソニーが家電事業の会社であるとの印象は薄まります。

　なお、セグメント情報では、各セグメントの売上高と利益を外部顧客に対するものとグループ内の他の報告セグメントに対するもの

（グループ内部取引）を合計して表します。そのため、「各報告セグメントの売上高または利益の合計∨連結財務諸表の売上高または利益」となる場合があります。そこで、不一致分を「調整額」欄で調整して、連結財務諸表の売上高または利益に合わせます。

このように、大きくは同じ事業セクターに属する会社であっても、多角化された事業それぞれの特性や業績は、実はまちまちなことがよくあります。業績は、事業計画の進捗の巧拙という点だけではなく、事業多角化の方針や事業戦略の違いによる部分もあります。「セグメント情報」を活用することで、会社全体の業績だけでなく、事業や地域などのセグメントごとの業績や会社の事業多角化など、会社の事業戦略の違いを読み取ることもできます。

▼【財務諸表分析⑥】総合力（ROE）分析

最後に、自動車産業の例を使って、総合力（ROE）の比較から収益性、効率性、セグメント情報に至る財務指標を使った財務諸表分析の一連の流れを総合演習として見ていき

図８－11　SUBARUのROE（日本基準）

	純利益率（%）	総資産回転率	財務レバレッジ	ROE（%）
2016年3月期	13.5	1.35	2.02	36.9
2017年3月期	8.5	1.24	1.91	20.2

図８－12　SUBARU以外のROE

トヨタ（米国基準）

	純利益率（%）	総資産回転率	財務レバレッジ	ROE（%）
2016年3月期	8.1	0.60	2.80	13.6
2017年3月期	6.6	0.57	2.73	10.4

日産（日本基準）

	純利益率（%）	総資産回転率	財務レバレッジ	ROE（%）
2016年3月期	4.3	0.71	3.60	11.0
2017年3月期	5.7	0.65	3.74	13.9

ホンダ（米国基準）

	純利益率（%）	総資産回転率	財務レバレッジ	ROE（%）
2016年3月期	2.4	0.80	2.64	5.0
2017年3月期	4.4	0.75	2.70	8.8

たいと思います。なお、取り上げる会社の採用する会計基準は必ずしも日本基準とは限りません。数字や数値の違いを詳細に分析する際には注意する必要があります。

　自動車業界のＳＵＢＡＲＵ（旧富士重工業）は、ＲＯＥの高さに定評のある会社です。２０１７年３月期のＲＯＥは20・15％。東証１部の平均ＲＯＥが８％強といわれる中で、ＳＵＢＡＲＵの20％を超えるＲＯＥは、相当高い水準といえるでしょう。欧米の会社と比較しても見劣りすることはない数値です。

では、そんなＳＵＢＡＲＵのＲＯＥの高さの要因をチェックしてみましょう。なお、同社は日本基準で財務諸表を作成しています。

まず、過去2期間のＲＯＥを収益性、効率性、安全性の3要素に分解してみます。総資産及び純資産は前期と当期の金額の単純平均を使用しています。数値は四捨五入により若干の誤差が生じています（図8－11）。

これを自動車業界の他社のＲＯＥと比較してみましょう（図8－12）。

各社数値のベースとなる会計基準、事業セグメントも同じではないのであくまで目安としての比較にはなりますが、ＳＵＢＡＲＵのＲＯＥの高さの要因は、売上高当期純利益率と総資産回転率によるもので、財務レバレッジはむしろ他社よりも小さいことがわかります。

筆者の経験では、ＲＯＥの差の一番の要因は利益率にあることが多いです。もちろん、総資産回転率や財務レバレッジもＲＯＥの要素ではあるので、これらを有効に活用することも1つの方策ですが、当期純利益率を改善することがやはり重要だということではないでしょうか。

ところで、収益性の差もさることながら、効率性（総資産回転率）も同業他社と比べてSUBARUは高いことがわかります。総資産回転率は、固定資産等に投下した資金をいかに効率よく収益獲得（売上）につなげたかを表す指標であり、一般に数値は大きい方が望ましいです。SUBARUの総資産回転率はトヨタのそれと比較しても倍ほど差があります。また、日産、ホンダの総資産回転率もSUBARUよりはトヨタに近い水準であり、事業規模（日産、ホンダの売上高はSUBARUの約4倍、トヨタは約8～9倍）や多角化の度合いが影響しているのかもしれません。この点については、セグメント情報等による詳細分析が必要になると考えられます。

▼「収益性分析」をさらに掘り下げる

先ほどのROEの要素分解で、SUBARUの好調のポイントは収益性と効率性の高さにあることがわかりました。次に、この内の収益性についてもう少し掘り下げて分析する場合のプロセスを紹介します。さて、「有価証券報告書」の記載をチェックしてみましょう。

比較対象には、日産とスズキを抽出しました（図8－13）。

なお、日産、スズキはともに日本基準を採用しています。

売上総利益率では、日産と比較すると2017年3月期では約9ポイントの差がついています。

一方、スズキとは売上総利益レベルでは同水準ですが、営業利益率では大差がつきました。ということは、販売費及び一般管理費にスズキとの差があることがわかります。念のため両社の2017年3月期の売上高販管費率を比較すると、

SUBARU：15・9％

スズキ：20・2％

であり、やはりここに差があることがわかります。さらに分析を進めるとすれば、販売

図8－13
SUBARU

（単位：%）

	総利益率	営業利益率	経常利益率	純利益率
2016年3月期	32.3	17.5	17.9	13.5
2017年3月期	28.3	12.4	11.9	8.5

日産

（単位：%）

	総利益率	営業利益率	経常利益率	純利益率
2016年3月期	19.6	6.5	7.1	4.3
2017年3月期	19.6	6.3	7.4	5.7

スズキ

（単位：%）

	総利益率	営業利益率	経常利益率	純利益率
2016年3月期	27.3	6.1	6.6	3.7
2017年3月期	28.6	8.4	9.0	5.0

費及び一般管理費の中の項目につき、対売上高比の差がどこにあるか調べていくことになります。

▼「効率性分析」をさらに掘り下げる

同様に、効率性についてもさらに分析を進める場合の手順を紹介します。

総資産は期首、期末の平均で算出しました。

効率性については、日産との差が顕著なので日産との差異の中身を見てみましょう（図8－14）。総資産に占める割合は、2017年3月期時点で以下の通りです。

〈流動資産〉
SUBARU：66・8%
日　　産：62・2%
〈有形固定資産〉
SUBARU：23・8%
日　　産：28・6%
〈投資その他の資産〉
SUBARU：8・5%
日　　産：8・4%

ここまで見た限りだと、両社の差はそれほど見られません。流動資産をさらに分解してみると、いよいよ差が見えてきます。

〈売上債権〉
SUBARU：5・7％
日　産：44・2％

〈たな卸資産〉
SUBARU：10・9％
日　産：6・9％

図8－14
SUBARUの総資産回転率

2016年3月期	1.35回
2017年3月期	1.24回

日産の総資産回転率

2016年3月期	0.71回
2017年3月期	0.65回

スズキの総資産回転率（参考）

2016年3月期	1.07回
2017年3月期	1.09回

売上債権の総資産に占める割合において、日産の多さが目立ちます。日産のグループ会社には、（車両の）リースや車両購入のための資金を融資する金融事業会社があります。日産のセグメント情報を確認すると、報告セグメントを「自動車事業」と「販売金融事業」に区分しており、売上高は自動車事業が大部分を占めますが、事業に投じたおカネという面では自動車事業と販売金融事業は均衡しています。投じたおカネから得られる売上高

は一般的に自動車事業の方が販売金融事業よりも大きいと考えられます。日産の総資産回転率がSUBARUに対して低いのは、全体に対する販売金融事業の販売金融債権の割合の大きさが主要因であろうと考えられます。

以上、自動車産業の会社の例を使って、総合的財務指標であるROEから収益性、効率性、安全性の各要素への財務諸表分析の流れを紹介しました。有価証券報告書を読み込むことで、総合的な分析からある程度踏み込んだ分析まで、さまざまな情報が得られることを実感していただけたでしょうか。

▼分析の心がまえ

本章では、実際の例を使って、財務指標を使った簡便な財務諸表分析の例を紹介しました。

初学者にとっては、あれもこれも一度に多くの情報を気にしなくてはと、なかなか難しく感じたかもしれません。あるいは、財務諸表の数字や財務指標の数値から会社の事業戦略や事業の特性についての仮説といわれても、すぐには浮かばないかもしれません。

これらのプロセスをスムーズに展開するには多分に慣れの要素が大きいと思います。

まずは、２社の財務諸表の数字や財務指標の数値を眺めてみるだけでもよいでしょう。そうすると、「なんでこの数字が違うのだろう？」「なぜこの財務指標の数値が違うのだろう？」と疑問がわくと思います。そこからが分析の始まりです。いきなり全部の財務指標分析をする必要はありません。気になった点から、両社の事業活動やビジネスモデルの違いなどを考えてみてください。そうすると、事業活動とその結果としての数字や数値のつながり、関連性が見えてくるようになると思います。

また、筆者がグロービスの受講生を見ていても、財務諸表分析のプロセスは意外に早く身につくように感じます。まずは、自社や競合他社、あるいは気になる会社の気になる部分からトライしてみてほしいと思います。

第9章

財務諸表以外の財務データの活用

▼有価証券報告書は情報の宝庫

有価証券報告書は、上場会社が年に一度外部に公表する決算など会社の状況をまとめた報告書です。株式市場に上場している会社以外でも、株主数や公募債（不特定多数の投資家向けに発行されている社債）で一定の基準を満たす場合には有価証券報告書の提出が必要になります。

多い会社は300ページ超になり、さまざまな情報が盛り込まれています。会社の業績や財産、そしてキャッシュ・フローの状況などの決算情報はもちろんのこと、それ以外にも会社の事業内容、グループ会社、歴史、経営者のプロフィール、経営目標、コーポレートガバナンスの体制など会社を理解するうえで役立つ情報が記載されています。実は、有価証券報告書は数字よりも文字情報のほうが多いのです。

ここでは、財務諸表以外にどのような情報が有価証券報告書に含まれているのか、そして、それらの情報をどのように読み解き、活用するのかについて説明したいと思います。

▼セグメント情報で業績を詳細に把握する

〈セグメント情報〉

会社の規模が大きくなると単一の事業だけでなく、複数の事業を営むことが少なくありません。たとえば、前章のセグメント情報の分析で取り上げたソニーは家電製品のメーカーですが、それ以外に携帯電話、ゲーム、電子デバイス、音楽、映画、金融事業などの事業を展開しています。また、単一の事業であっても、日本国内だけでなく世界の他の地域に事業を展開している会社もあります。

このように単一事業のリスクヘッジなどを目的として事業多角化をしている場合、会社全体の売上高や利益を競合他社と比較しても、その差がどの事業、あるいは地域からもたらされたものかが判然としないことがあります。また、ある会社の過年度からの売上や利益の成長を見る場合にも、既存事業が伸びているのか、それとも新規事業が全体の売上をけん引しているのかは知っておきたいところです。セグメント情報は、会社全体の業績を事業や地域といったセグメントごとに把握することができる便利な情報です。

〈セグメント情報の意味――何がわかるか?〉

有価証券報告書では、会社の業績の多くはセグメント別に記載されています。セグメント情報の中心となるのは「セグメント情報等」に関する注記のセクションですが、それ以外にも冒頭の事業の内容、関係会社がどのセグメントに属するか、セグメント別の従業員数、当期のセグメント別の業績説明、生産、受注及び販売の状況、対処すべき課題、研究開発活動、保有する設備の状況、設備投資や除却の計画もセグメントごとに説明されています。

セグメンテーションは会社によって異なるので注意が必要です。セグメンテーションは、「マネジメントアプローチ」によってなされます。マネジメントアプローチとは、会社の経営者が業績を管理したり投資の意思決定をしたりする単位をセグメント情報の切り口として開示するというものです。たとえば、事業の種類ごとに業績管理をしている会社であれば事業ごとのセグメンテーションになるでしょうし、地域ごとに投資の意思決定をしている会社であれば地域がセグメントの単位になります。どのような切り口がセグメントの単位かは会社によるため一様ではありません。「セグメント情報等」には、「報告セグメントの概要」として会社のセグメンテーションの方針や報告セグメントに属する主要な製品やサービスの情報等が記載されています。

〈報告セグメントごとの業績等の情報〉

セグメントごとの売上高、利益(注3)、資産、有形固定資産及び無形固定資産の増加額、減価償却費、のれんの償却額などの情報が２年分記載されます。どのセグメントの売上、利益が成長しているか、逆に落ち込んでいるかを把握することができます。

また、業績だけでなく資産に関する情報もセグメント別に記載されているので、たとえば、セグメント利益を分子に、セグメント資産を分母としてセグメントのＲＯＡを算出することができます。有形固定資産及び無形固定資産の増加は、当期間における設備投資などの投資をどの程度したかを示しますから、会社がどのセグメントに注力しているかがわかります。

▼将来情報で未来の影響をチェックする

有価証券報告書には、将来情報も含まれています。

そもそも、財務諸表は報告基準日（決算日）現在、あるいは決算日に至る一定期間の実績を表していますので、実際に公表される時点では過去情報です。一方で、会社の外部の投資家などにとっては、過去はもちろんですが将来、会社の業績がどうなるのかを知りたいというニーズがあります。業界のトレンドや会社の過去の実績をもとに将来の業績予測をすることももちろん有用ですが、会社が近い将来計画している内容や、将来の業績に影響を及ぼす可能性についての情報は投資家にとってのニーズを満たすものでしょう。

有価証券報告書には、主に「事業の状況」のセクションに以下のような会社の業績に将来影響を及ぼす可能性が見込まれる情報が含まれています。

〈経営方針、経営環境及び対処すべき課題等〉

会社の経営方針や中長期ビジョンが記載されます。中長期的な具体的数値目標として、目標とする売上高、営業利益（率）、ＲＯＥなどを記載する会社も見られます。また、会社が直面する課題として認識している事項が報告セグメント別に記載されます。課題として認識された事項に対する取り組みも併せて記載されます。

〈事業等のリスク〉

会社が営む事業におけるリスクが記載されます。例として為替変動、原材料価格の価格変動、金利変動、関連する法令の改正などが挙げられます。

〈経営上の重要な契約等〉

会社が事業に関して第三者と締結している重要な契約内容が記載されます。たとえば、会社の主たる事業に関する特許の使用許諾権の契約について、契約相手先、契約の内容、契約期間（期限）といった情報が記載されます。

〈研究開発活動〉

報告セグメントごとに当期における研究開発内容と投じた研究開発費額が記載されま

す。会社がどの事業により注力するのかがうかがえます。

〈設備の新設、除却等の計画(「設備の状況」のセクション)〉

重要な設備の新設や除却等の計画について、拠点別、設備の金額や内容、着手／完成及び除却等の時期などの情報が記載されます。

▼コーポレートガバナンスとは何か?

コーポレートガバナンスは企業統治ともいわれます。会社には経営者をはじめとする業務執行者と、会社とさまざまな利害関係を持つステークホルダーが存在します。これらの関係者がそれぞれの立場から、会社が不祥事を起こさないように、また効率的な経営によってより多くの利益を生みだすように、コントロールしたりモニタリングしたりするための体制や仕組みがコーポレートガバナンスです。2015年6月に施行されたコーポレートガバナンス・コード(CGコード)により、コーポレートガバナンスが一躍脚光を浴びました。社外取締役の複数化、女性幹部の登用、持ち合い株式の解消などに関して最近取り組みを進める会社が増えているのもＣＧコードによる影響です。

有価証券報告書には、会社のＣＧコードについても記載されています。「会社の状況」の「コーポレート・ガバナンスの状況等」の箇所に、会社の企業統治の体制（体制の概要。内部統制システムの整備状況、リスク管理体制の整備状況、内部監査及び監査役監査の状況、社外役員の状況、役員報酬、株式持合いの状況などの情報）が記載されます。１億円を超える役員報酬の情報開示はここで記載されています。

▼財務諸表本編には現れない「こわい」情報

財務諸表には「注記」が添付されます。財務諸表の「注記」とは、Ｂ／ＳやＰ／Ｌなどの財務諸表の①各項目の計算前提、②各項目の内容をよりわかりやすく説明する情報、そして③会計ルール上未だ財務諸表には記載されていないが会社の財務状況を理解するために必要と考えられる情報をいいます。具体的には、①は「会計方針」といわれるＢ／ＳやＰ／Ｌなどの数字の計算前提のことです。固定資産の減価償却方法や引当金の計上方法など財務諸表の項目の金額をどのように算定するかの方針が記載されます。また、②はたとえばP／Lの減損損失の内容（対象となった資産の内容や減損金額、減損損失の算定方法など）の情報です。

そして、③にはゴーイングコンサーン注記、簿外債務、偶発債務といわれる情報がありますが。財務諸表の数字には反映されてはいませんが、近い将来会社の損失や負債となる可能性がある程度認められる情報ということになります。

ここでは③の具体的な例をいくつか紹介します。

〈ゴーイングコンサーン注記〉

ゴーイングコンサーン（以下、GC）注記とは、継続企業の前提に重要な疑義を生じさせる事象または状況が存在し、それを解消、改善する対応をしてもなお、事業が継続するかどうかについての不確実性が認められる場合に財務諸表に記載されます。継続企業の前提に重要な疑義を生じさせる事象または状況というのは、たとえば、売上高の激減、営業キャッシュ・フローの継続的な赤字、債務超過、債務不履行の危険性、会社の重要な市場、人材、得意先等の喪失などで、要するに会社の事業継続が危ぶまれる状況を指します。つまり、GC注記は投資家への注意喚起といえます。

（例）タカタ株式会社　平成28年３月期　有価証券報告書より
第１部【企業情報】　第２【事業の状況】　４【事業等のリスク】
⑪重要事象等について
当企業グループは、特別損失としてエアバッグ・リコール費用等を計上したことで、平成28年３月期まで２期連続で親会社株主に帰属する当期純損失を計上し、キャッシュ・フローもマイナスとなったほか、（中略）当企業グループには継続企業の前提に重要な疑義を生じさせるような事象または状況が存在しております。
（後略）

財務諸表（Ｐ／Ｌ、Ｂ／Ｓ、キャッシュ・フロー計算書）の数字から会社の存続の危機を読み取ることはもちろんですが、財務諸表の注記にＧＣ注記が付いていないかどうかのチェックもお勧めしたいところです。

ところで、ＧＣとはゴーイングコンサーン、すなわち継続企業の略です。通常の財務諸表は会社が永続するものだという前提で作成されています。

たとえば、建物や設備などは買った値段からあらかじめ決められた年数で毎年減価償却費を差し引きされた金額でB／Sに表示されます。100万円で買った設備を5年で均等に償却するとしたら償却費20万円／年となり、1年後のB／Sには設備は80万円（100万円－20万円）と表示されますが、これは時価とは異なります。

これは少なくとも会社が5年は存続するという前提での処理であり、来年潰れてなくなってしまう可能性の高い会社であればその前提は通用しません。つまり、毎期決算ごとに、今倒産したら会社から回収できるおカネはいくらか、株主や債権者は関心を持つことになるので、決算時点の資産、負債を時価で評価して正味の財産をB／Sに表示することが求められるでしょう。

〈偶発債務の注記〉

偶発債務は、債務の発生する可能性が不確実な状況が決算日現在既に存在しており、将来事象が発生する、または発生しないことによってその不確実性が最終的に解消されるものと定義されます。要するに、今はまだ現実（の債務）となっていないものの、将来、一定の条件の下で債務となる予備軍のようなものです。

図９－１

	損失額の見積もりが可能	損失額の見積もりが不可能
損失の発生する可能性が高い	債務保証損失引当金を計上	債務保証の金額を注記 損失の可能性は高いが損失金額の見積もりが不可能な旨、理由及び主たる債務者の情報を注記
損失の発生する可能性がある程度予想される	債務保証の金額を注記 損失発生の可能性がある程度予想される旨、及び主たる債務者の情報を注記	債務保証の金額を注記 損失発生の可能性がある程度予想される旨、及び主たる債務者の情報を注記
損失の発生する可能性が低い	債務保証の金額を注記	債務保証の金額を注記

偶発債務が決算日現在に認められる場合、財務諸表の読者に対してそのような債務の可能性があることの注意喚起をするために、その旨（債務の発生の可能性があること）を財務諸表に注意書きする必要があります。

典型的な例では、他社に債務保証をしている場合には、その債務保証額を注記することになります。また、偶発債務が現実に債務となった場合に会社に相応の損失が発生する可能性がある場合、たとえば、債務保証の履行による損失が発生する場合には、「将来の発生可能性の程度」と「損失金額の見積もりの可能度合」によって図９－１のように取り扱われます。

記憶に新しいニュースとしては、シャープ

が鴻海グループに買収される際に、この偶発債務の存在が大きく取り上げられました。偶発債務の内容次第で、追加の引当金の計上が必要になる可能性があります。その場合、相当の利益が失われますし、引当金は必要とならなくても財務諸表に「注記」すべき内容が漏れていた、ということになればディスクロージャー(情報開示)に問題があったということになります。

こうした偶発債務の注記に代表されるように、財務諸表には本篇に相当する損益計算書、貸借対照表、キャッシュ・フロー計算書、株主資本等変動計算書だけではなく、「注記」にも重要な意味が含まれます。家電製品には取扱説明書がセットになっているように、財務諸表には注記が不可欠なのです。欧米の監査済財務諸表には、The accompanying notes are an integral part of these consolidated financial statements (添付の注記は連結財務諸表の一部である)として、財務諸表とその注記は一体である旨を記載しています。

(注3) 正確にはセグメント利益ですが、連結P/Lの営業利益をセグメント利益としている会社が一般的です。

第10章

会計ルールのグローバルスタンダード

▼会計の世界も「グローバル化」が進んでいる

会計はビジネス上のコミュニケーションツール、言語であり、ビジネスを円滑に進めていくうえで必要不可欠な存在です。本来、資金の出し手と担い手とのコミュニケーションツールという点では、一国内に限定されるべきではありません。しかしこれまでは、国の法制度や税制など、つまりはその国の経済や政治、さらには社会的背景などの影響を強く受けてきたことも事実です。その結果、会計ルールは国ごとに独自の発展を遂げてきました。

ところが、企業活動や資金調達の国際化が進み、ヒト、モノ、カネのグローバリズムが進行すると、取引の関係者の国籍も多岐にわたるようになり、会計ルールやそれによって測られる会社の業績も、一国のルールに基づくものから、国際的に統一されたルールが求められるようになります。会計ルールにグローバルスタンダードができることで、財務諸表の国際的な比較可能性が高まり、国際的な資金調達が容易になれば、さらなる効率的、効果的な経営資源の国際的な配分が可能になり、国際経済の発展に資することが期待されます。

会計ルールのグローバルスタンダードとして近年注目されているのがＩＦＲＳです（イファース、またはアイエフアールエスと読みます）。国際会計基準と称されることがありますが、正確には国際財務報告基準（International Financial Reporting Standards）といいます。ＩＦＲＳは、２００５年1月より欧州連合（ＥＵ）がＥＵ域内の上場企業の連結財務諸表作成基準として適用を義務付けたのを契機に広く世界で導入が進み、現在は１００以上の国や地域で自国の会計基準として、あるいはそれに準ずる基準として採用されています。必ずしも経済規模の大きい国だけでなく、発展途上国でも採用が進み、数年後には１５０程度の国や地域がＩＦＲＳを採用すると予想する見方もあります。

我が国としては、ＩＦＲＳを採用するかどうかの意思決定はしていませんが、日本の会計ルール自体はＩＦＲＳに合わせるように漸次変更、改正が進められています。したがって、現在の日本の会計ルールにもＩＦＲＳ的な思想が随分と織り込まれており、今後もその傾向は弱まることはありません。

本章では最近の会計の潮流として、会計ルールのグローバルスタンダードとして台頭しているＩＦＲＳについて、その概要と特徴、日本の会計ルールとの主な差異、ＩＦＲＳ適用におけるメリット・デメリットおよび日本企業の適用事例を見ていきたいと思います。

▼ＩＦＲＳをめぐる世界と日本の動き

ＩＦＲＳは、国際財務報告基準（International Financial Reporting Standards）と国際会計基準委員会（ＩＡＳＣ）により設定された会計基準（ＩＡＳおよびＩＦＲＳ）およびＩＦＲＳ解釈指針委員会（ＩＦＲＩＣ）およびＩＦＲＩＣの前身である解釈指針委員会（ＳＩＣ）により発表された解釈指針（ＳＩＣｓおよびＩＦＲＩＣｓ）の総称です。このうち会計基準については、財務諸表の作成および表示に関する概念フレームワーク、ＩＡＳ第1号からＩＡＳ第41号およびＩＦＲＳ第1号からＩＦＲＳ第16号（２０１６年4月時点）までの個別基準書から構成されています。

ＩＦＲＳの設定主体（ＩＡＳＢといいます）は独立した民間専門組織であり、そのメンバーは各国の国内会計基準の策定委員や監督機関の代表者、会計分野の実務経験者および専門家などにより構成されています。また、各メンバーは欧州委員会、米国証券取引委員会（ＳＥＣ）、各国の金融規制当局や中央銀行、民間企業、アナリストや学識者などとも緊密な連携を図りながら、財務報告の透明性を向上させるべく、高品質の会計基準の策定に取り組んでいます。

前述の通り、ＩＦＲＳは、現在１００以上の国や地域で自国の会計基準、あるいはそれに準ずる基準として採用されています。数年後には１５０程度の国や地域がＩＦＲＳを採用すると予想する見方もあります。

２００７年11月に米国証券取引委員会（ＳＥＣ）が発表した、ＩＦＲＳを用いる外国民間登録企業に対する米国会計基準への調整表の作成義務廃止決定は、世界的なＩＦＲＳへのコンバージェンス（収斂《れん》）の流れを、より一層加速するきっかけとなりました。さらに、現在は、米国の上場企業の財務報告制度にＩＦＲＳをどう組み込むかが検討されています。

日本においても、企業会計基準委員会（ＡＳＢＪ）によるコンバージェンスプロジェクトが進行中であり、日本企業においても、今後、より一層、対応の重要性が増すものと思われます。

図10－1　IFRSにおける日本と欧米の動向

日本の動向	：	欧米の動向
	2002	▶2002年10月　ノーウォーク合意：FASBとIASBが米国会計基準とIFRSの将来的なコンバージェンスに向けた合意を公表
	2003	
	2004	
▶2005年1月：ASBJとIASBによるコンバージェンスの合意	2005	▶2005年1月以降開始事業年度：EUは域内上場企業へのIFRS適用を義務付け ▶2005年7月：CESRは日米加の会計基準をIFRSとおおむね同等と評価
▶2006年10月：ASBJがコンバージェンスに向けた短期プロジェクト計画表を公表	2006	▶2006年2月 MoU：FASBとIFRSはコンバージェンスの当初工程表を公表
▶2007年8月　東京合意：ASBJとIASBは2011年6月末までに会計基準のコンバージェンスを図ることで合意 ▶2007年12月：ASBJは東京合意に基づくプロジェクト計画表を公表	2007	▶2007年8月：SECは米国会計企業のIFRS適用に関するコンセプトリリースを公表 ▶2007年11月：SECはIFRS財務諸表を作成している外国登録企業に対する米国会計基準への調整表の作成義務廃止を承認 ▶2007年11月：FASBはコンセプトリリースに対する回答としてIFRSの改訂を前提に米国企業へのIFRSの適用を支持
	2008	▶2008年11月：米国SECがロードマップ案を公表 ▶2008年12月：EUが日米の会計基準をIFRSと同等と評価
▶2009年6月：金融庁がロードマップを公表	2009	▶2009年～：米国における早期適用企業のIFRSファイリング開始
▶2010年3月31日以降終了事業年度よりIFRS任意適用の開始	2010	
▶2011年6月：金融庁が2015年からの強制適用がない旨を表明	2011	▶2011年5月：SECはIFRSを米国基準に取り込むという新たな選択肢を提示
▶2012年：金融庁がIFRSの義務化を最終決定（？）	2012	▶2012年：米国におけるIFRSの義務化を最終決定（？）

出所）https://www.shinnihon.or.jp/services/ifrs/about-ifrs/　新日本有限責任監査法人Website

▼アドプションとコンバージェンスとは？

ＩＦＲＳを自国基準として全面採用する（アドプション）というアプローチを選択する国が増える一方で、自国基準を維持しつつ、ＩＦＲＳとの差異を縮小する会計基準の収斂（コンバージェンス）に向けた動きも全世界のいたるところで活発化しています。

アドプションとは、ＩＦＲＳを自国基準に単純に置き換えることをいいます。したがって、アドプションの下では、たとえば自国の管理当局に提出する法定財務諸表は、ＩＦＲＳを自国基準として用いて作成されることになります。

なおコンバージョン（転換）は、従来の自国基準からＩＦＲＳへの転換、移行、またはＩＦＲＳを導入することを意味する言葉として使用されています。つまり、企業の所在地国がＩＦＲＳのアドプションを行なうことにより、企業はＩＦＲＳへのコンバージョンが必要となります。この後説明するコンバージェンスと音《おん》が似ているため混同されることがありますが、意味する内容はまったく異なるため留意が必要です。

これに対して、コンバージェンス（収斂）とは、自国基準を維持しながら、ＩＦＲＳと実質的に同等の基準とするための作業を永続的に実施することをいいます。この場合、自国の管理当局に提出する法定財務諸表は、引き続きＩＦＲＳではなくＩＦＲＳに実質的に同等と判断される自国基準を用いて作成されることになります。

現在のＩＦＲＳに対する日本のアプローチは公式にはコンバージェンスです。したがって、日本に上場している企業が、金融庁に有価証券報告書を提出する場合に、それに含まれる財務諸表はＩＦＲＳと実質的に同等な日本基準で作成されます。

やや詳しくなりますが、ここで何をもって実質的に同等と判断されるかが問題となります。これは同等性評価を行なう主体の判断により異なります。いわゆる２００９年問題として、日本で大きく取り扱われている同等性評価は、ＥＵによる同等性評価であり、そこでの同等性の意味は、「まったくの同一（identical）を意味するのではなく、自国基準によっても投資者がＩＦＲＳに準拠した財務諸表によった場合と類似した投資判断ができること」とされています。

▼ＩＦＲＳの４つの特徴

ＩＦＲＳには次のような特徴があります。

〈原則主義〉

ＩＦＲＳは原則主義（プリンシプル・ベース）に基づく会計ルールといわれます。原理原則を明確にして、詳細なルール設定はしていません。これに対して、日本の会計基準やアメリカの会計基準は、細則主義（ルール・ベース）といわれます。細則主義は、具体的なルール設定がされているため、現場における会計処理がしやすく、また、ルールに照らしてここまでは適合している、あるいはしていないの判断はしやすいのですが、一方で、ルールの記述に対してギリギリの水準で、いわゆるルール逃れが行なわれる可能性があります。また、このような逸脱行為に対してさらなる会計ルールの設定を招くといったイタチごっこによるコスト負担も懸念されます。

原則主義では、個別具体的な会計処理は原理原則の方針にのっとって会社ごとに検討、判断することになります。そして、その是非は会計監査人が判断するという立てつけです。ＩＦＲＳでは、それぞれの会計ルールの解釈指針も限定的です。したがって、ここにこう書いてあるといった細かいルール設定がされない分、原理原則に照らして的確な会計処理を自分の頭で考えられる人材の育成が不可欠となります。

〈B/S中心〉

従来の日本の会計ルールは、P/L中心といえます。これは、会社の決算に対する一番の関心が「当期間にいくら売上が上がったのか」「儲けはいくらだったのか」であり、このニーズに応えるために、P/Lを合理的に作成するように会計ルールを設定してきたためです。これに対して、IFRSは資産・負債アプローチの考え方に基づく会計ルールとなっています。期首と期末の純資産の差額を当期間に得られた成果(包括利益)として把握します。そのため、純資産の構成要素である資産と負債を適正に把握することが中心的な課題となります。

〈公正価値〉

資産・負債アプローチにおいては、いかに時点、時点での資産と負債を適正に評価、測定するかが重視されます。これに対して、従来の会計ルールでは、財務諸表の作成者である会社の経営者に判断や見積もりの余地が多く、計算される利益が経営者の意図に左右されるという問題があります。そこで、経営者の意図、恣意性を排除すべきとの考えから、公正価値によって測定、評価されるべきとされます。これにより、企業間や時系列の財務諸表の比較可能性も高める狙いがあります。

〈財務諸表注記〉

ＩＦＲＳにおいては、財務諸表本体に添付される注記が豊富になります。ＩＦＲＳは原則主義に基づくため、会計事象の個別具体的な会計処理は会社ごとに検討・判断されますから、数値の理解のために必要な前提条件等を注記として記載して読者の理解を促進するためです。また、財務数値には反映させていない、金融商品に関する公正価値情報やリスク情報の注記など企業のリスクや資産・負債の公正価値に関する注記が重視されます。

このように、財務諸表本体に反映されないが、会社の財務的な実態を把握する上で必要と考えられる情報は注記として開示されます。

そのため、たとえば現行の日本基準などと比較すると注記の分量が大幅に増加するともいわれます。注記の内容を理解するためには、中には特別の知識や理解を必要とするものも含まれますので、読者には今以上に会計に対するリテラシーが求められることにもなります。

▼日本の会計ルールとの大きな違いは？

上述のようなIFRSの基本的な概念や日本の会計ルールとの考え方の違いが、具体的な会計ルールの相違となって現れてきます。それらすべてについて解説するのは本書の範囲ではありませんが、その主なものを見ていきましょう。

まず、代表的な財務諸表の名称と構造が日本の会計ルールに基づくものとは異なります。

〈IFRSでの財務3表〉

・財政状態計算書（statement of financial position）

貸借対照表に相当します。表示科目や配列等若干の違いはありますが、おおむね貸借対照表と同じ内容です。配列については、日本の会計ルールでは、一般の事業会社は流動性配列法（流動資産→固定資産の順）ですが、IFRSでは、固定性配列法（固定資産→流

図10－２

項目	IFRS	日本基準
段階利益の区分	純損益及びその他包括利益以外の段階利益の区分表示は不要	売上総利益、営業利益、経常利益、税金等調整前当期純利益、当期純利益、包括利益などの段階利益を表示
特別損益	認められない	認められる
非継続事業	非継続事業に係る損益を別区分として表示	非継続事業に係る損益の区分表示は不要

動資産）も認められます。

・純損益およびその他の包括利益計算書（statement of profit and loss and other comprehensive income）
損益計算書に相当します。日本の会計ルールと同様に、一計算方式（1表で純損益及びその他包括利益を表示）と二計算方式（純損益とその他包括利益を別の表で表示）の選択が認められます。日本の会計ルールとの主な相違点は、図10－2の通りです。

・キャッシュ・フロー計算書（statement of cash flows）
キャッシュ・フロー計算書については、日本の会計ルールのキャッシュ・フロー計算書とほぼ同じ形式と内容です。

▼日本における導入状況と導入のねらい

日本取引所グループのデータでは、2017年6月時点で、IFRSを採用（予定含む）する日本企業は152社とのことです。このうち、既にIFRSを適用済みの会社が125社、近い将来にIFRSの適用を予定している会社が27社となっています。

既にIFRSを採用（予定を含む）した会社は何を目的にIFRSを採用したのでしょうか。

会社の公表からは、大きく以下の3つの目的がうかがえます。

1．外国人投資家への説明の容易さ

海外の投資家からの資金調達を考える場合、彼らの理解しやすい会計ルール、用語、様式で会社の財務状況を開示することにより、資金調達手段が多様化するとともに調達コストの低下が期待されます。また、会社が直接海外からの資金調達を考えない場合でも、昨今は日本企業の株式を外国人投資家に保有されることが目立ちます。現在では、株主数で

は4割、取引金額ベースでは実に6割程度が外国人投資家によって行なわれているともいわれています。そうなると、国内を中心に活動する会社であっても、外国人投資家を念頭においた決算情報の説明を意識する必要が生じます。IFRSを適用することにより、日本基準との差異の説明などIRの余分な手間が省け、外国人投資家への説明が容易になることが考えられます。

2．経営管理の強化

グローバル展開により世界各地に子会社を持つ会社にとっては、子会社を横串で横断的に評価する基準が求められます。会計ルールは国によって異なる可能性があるため、異なる会計基準に則って作成された利益や資産の金額を直接的に評価しても得るものは多くありません。かえって、誤解や判断ミスにつながる可能性もあります。そこで、グループ全体の統一的な会計基準としてIFRSを採用することが期待されます。

また、比較可能性の向上という点では、グループ間の比較評価のみでなく、グローバルベースでの同業他社との比較もしやすくなります。

3. 日本基準との会計基準の相違

M&Aを活発に行なう会社にとっては、IFRSに乗り換えることによりのれんが非償却となります。日本基準では20年以内の一定期間で定額法等によって規則的な償却が必要になるため、企業買収によって多額ののれんが発生すると、以後ののれんの償却費が営業利益を圧迫することになります。IFRSはのれんを償却せずに定期的な減損の要否チェックの手続きとなるため、のれんの償却費負担の軽減が期待されます。

研究開発型の会社にとっては、日本基準では研究開発費は発生時に即時費用処理されます。これに対してIFRSでは研究開発費の、たとえば開発ステージで発生した費用のうち一定の条件を満たす部分は発生時に即時費用処理はせず、資産計上したうえで償却されます。したがって、IFRSに移行することで日本基準では費用処理する研究開発費を少なくすることが期待できます。

一方で、日本におけるIFRS導入の動きは全体としては「少しずつ」といった感じで、急速な流れとなっているわけではないのも事実です。この背景には、単純に「メリットが多いからすぐに移行しましょう」とはいかない、以下のような事情があります。

〈財務諸表の作成コストの増加〉

ＩＦＲＳは金融商品取引法に基づく連結財務諸表を作成するための会計ルールです。したがって、会社法に基づく個別財務諸表は依然として日本基準で作成されることになります。このため、会社にとっては個別財務諸表を２つの基準で作成する必要が生じます。これに対する緩和措置として、ＩＦＲＳの任意適用を採用する会社については、金融商品取引法、会社法における個別財務諸表及び注記の簡素化が図られています。

また、ＩＦＲＳは原則主義ですので、具体的に会社がどのような会計処理の方針を定めたのか、あるいは財務諸表の数字をよりわかりやすくするための補足情報（注記）が多岐詳細にわたります。注記の分量は、日本基準の場合に比べて３倍程度になるともいわれています。

〈導入コストや時間が多くかかる〉

上述のようにＩＦＲＳと日本の会計ルールには依然差異があります。また、ＩＦＲＳは原則主義のため、具体的な事例に対する数値基準などの詳細規程はありません。そのため、ＩＦＲＳに照らして会社で通常発生する取引を具体的にどのように会計処理するのか、必要となる証票（エビデンス）は何かなどを会社で設定する必要があります。細則主義に慣れた人員にとっては、考え方を転換するための教育研修も必要になります。その過程で、現在は整備されていない情報や証票（エビデンス）が必要になる場合には、業務フローの見直しや場合によっては社内のコンピューターシステムの置き換えも必要になる可能性があります。のちに会計監査にも耐えうる仕組みを構築するためには、必要に応じて外部のコンサルティングファームの助言を求める必要も生じるかもしれません。

▼日本におけるＩＦＲＳの適用事例

ここからは、既にＩＦＲＳを採用している会社の事例を数件取り上げて、どのような目的でＩＦＲＳを採用したのか、また、ＩＦＲＳを採用した結果、具体的にどのような影響があったのか、について紹介します。

〈アステラスの例（開発費の無形資産計上）〉

アステラス製薬株式会社は、２０１４年3月期からＩＦＲＳへ移行しています。会社のプレスリリースでは、「当社グループでは日本のみならず、米州、欧州、アジアなど、グローバルでの事業展開を積極的に推進しています。他方、当社の株主構成は、外国人投資家の株式保有比率が40％を超える高い水準となっています。このような当社の事業展開並びに株主構成などの状況を踏まえ、資本市場における財務情報の国際的な比較可能性の向上を目指し、ＩＦＲＳを任意適用することとしました」と移行への目的を述べています。

アステラス製薬を始め製薬業界の会社はＩＦＲＳを早期に採用する会社が多いです。２０１６年6月時点では、ロ外製薬、アステラス、武田、エーザイ、第一三共、小野薬品、参天製薬の7社が採用しています。製薬会社がこぞってＩＦＲＳを採用する理由の１つが研究開発費の会計処理方法です。

自社で発生する研究開発費は、日本の会計ルールでは、発生時に研究開発費として費用処理します。一方、ＩＦＲＳ上は、研究開発費のうち一定の条件を満たす部分は将来において経済的便益が企業に流入するとの期待が反映されていると考えられるため、無形資産として計上します。そのため、ＩＦＲＳを採用することよって、これまで費用（販売費及び一般管理費）として会計処理してきた研究開発費の一部が資産計上されることによって、利益剰余金および当期利益の増加要因となります。なお、IFRSへの移行により、アステラス製薬では2014年3月期の研究開発費は約230億円減少しました。しかし、無形資産に計上された研究開発費は、使用可能となった時点から見積耐用年数にわたって毎期規則的に償却することになるとともに、研究開発が失敗した場合には、減損処理が必要になり、将来の利益を減少させる要因となります。

〈JTの例(のれんの非償却)〉

JTは2012年3月期からと、日本企業の中でも早期にIFRSの適用を始めています。JTに限らず、日本企業がIFRSに踏み切る大きな理由の1つがのれんの会計処理です。のれんは、日本の会計ルールでは20年以内の一定期間で規則的に償却されますが、IFRSではのれんは償却されず、その代わり年に1度減損テストを行ない、のれんの価値が維持されているかどうかチェックされます。したがって、のれんの価値が目減りしていなければ償却費負担は軽減されるため、成長戦略の手段として企業買収(M&A)を積極的に活用する会社にとっては福音となります。

JTは、2007年に英国ギャラハー社を約75億ポンド(約1兆7800億円)で買収した結果、のれんをおよそ1兆7500億円計上しています。その他のM&Aで発生したのれんを含めて2009年3月期からは年間1000億円を超えるのれんの償却費を負担していました。2012年3月期のIFRS移行による試算では、年間約800億円ののれんの償却費負担が軽減されると発表していました。当時の連結売上高が約2・5兆円、営業利益が約4000億円でしたから、業績には相当の影響があったと思われます。

〈電通の例(売上高の純額表示)〉

電通は、2015年12月期からIFRSへ移行しています。プレスリリースでは、「当社は、平成25年3月に英国の大手広告会社 Aegis Group plc（平成25年3月26日付で Dentsu Aegis Network Ltd.に商号変更）を買収し、現在、120以上の国と地域で事業を展開するグローバル企業として、着実な成長を続けております。こうした中、資本市場における財務情報の国際的な比較可能性を向上させることを目的として、IFRSを任意適用することとしました。また、すべての連結子会社と決算期を統一することで、グループ一体となった経営を推進するとともに、業績等の経営情報の適時・適切な開示による経営の透明性を更に高めることを目的として、決算期の変更を行うこととしました」と発表しています。同タイミングで、電通は決算期を3月から12月期に変更しています。電通もＩＦＲＳ移行のきっかけは海外の大型Ｍ＆Ａによるのれんの償却負担と思われますが、同社の事業内容からＩＦＲＳ移行にともない副産物的な影響も発生しました。

日本の会計ルールとＩＦＲＳとの差異の1つに、売上高の総額／純額表示があります。いわゆる仲介手数料取引のような代理人としての取引は、売上と仕入の総額ではなく、その取引から得られる仲介手数料部分を売上高として純損益およびその他包括利益計算書に表示するというものです。業種では、電通のような広告代理店、商社や百貨店などが該当します。三菱商事、住友商事などの大手総合商社も既にＩＦＲＳへ移行していますが、電通と同内容の影響が発生しています。

電通は、ＩＦＲＳ移行に伴い、初年度は1・67兆円の売上が減少しました。移行前の日本基準では約2・3兆円の売上高でしたから、実に72％の売上が減少したことになります。もっとも、売上高の表示が総額から純額に変更されたのみですから、会社に残る利益には変動がありません（むしろ、利益率は改善します）。当時は、電通の売上高が業界1位から2位に転落と報じられましたが、会計基準の異なる会社の売上高を比較する場合には注意が必要です。

おわりに

私は、20年近く上場会社の会計監査に携わってきました。大規模な会社になれば国内外含め事業展開の幅も広く、会計ルールの解釈について、その都度担当会社の経理部門などの専門部門との議論を重ねてきました。また、ＩＴなどの新技術を駆使した新しいビジネスの台頭や国際的な会計ルールの調和といった観点から我が国の会計ルールは複雑高度化の一途を辿っています。会計の専門家の１人として、そのような環境に身を置くことは知的好奇心が満たされる思いはありました。と同時に、会計の重要な目的の１つである会社の経営成績や財政状態を社外のステークホルダーに提供し、彼らの投資等の意思決定に役立てる点からすれば、果たして、ビジネスパーソンのどのくらいがこのような複雑な会計ルールを理解しているのだろうか、と懐疑的な思いもありました。

グロービスで会計を教えるようになり、ビジネスパーソンと直接に接する機会を持つようになりました。当初は、会計の基本的な知識を持っていない方々の多さに驚いたこともしかし、少しの知識を理解するだけで、ほとんどの方々は会社の財務諸表の数字を読み取れるようになりました。また、私が会計ルールや会計監査を取り巻く現状をクラスで説明すると、何でそんな制度になっているのか、こうあるべきではないか等、非常に参考になる意見をいただくこともしばしばありました。詳細な会計の用語やルールは知らなくても、基本的な部分さえ理解すれば、十分専門家と議論できるのです。ビジネスパーソンの多くは実は会計を苦手と思い込んでいるだけなのです。

また、会社経営においても同様です。会社は一部の人間のみで機能しているのではありません。誤解されやすいのですが、会計は専門部署だけで行なう仕事ではありません。実際に日々数字を作り出しているのは、営業、製造、購買、研究開発といった現場（部門）です。経理部等に数字が集計される時点ではすでに数字は確定しています。会社の数字を良くするためには、現場の人々こそ会計を理解する必要があるのです。何をしたら数字が良くなるのか、逆に悪くなるのか、日々の活動と数字の関係をざっくり理解しておけば良いのです。詳細は経理部等の専門部署に聞けばいいのです。むしろ、現場と経理部門とのコミュニケーションが積極的に取られる環境が会社全体の売上の成長率、収益性、効率性等の数字の改善につながるのではないかと考えます。本書が、日本の将来を担うビジネスパーソンの会計リテラシー向上に少しでもお役に立てれば幸いです。

最後に、本書を執筆するにあたっては多くの方にご協力をいただきました。中でも企画から執筆の伴走、編集と、出版までの全てのプロセスにおいて、ＰＨＰ研究所の池口祥司氏、宮脇崇広氏、グロービス出版局の大島一樹氏には多大なご協力をいただきました。大変感謝しております。また、グロービス経営大学院の受講生の皆さん、そしてカネ系（アカウンティング＆ファイナンス）ファカルティの皆さん、皆さんとの日頃の交流による知見が本書の中にも随所にちりばめられています。気持ちは皆さんと一緒に執筆していました。最後に、執筆中は普段以上に家族サービスが停滞したにも拘らず、冷ややかにも暖かく放置してくれた家族のみんなに感謝します、ありがとう。

平成29年12月

グロービス経営大学院准教授　溝口　聖規

〈著者紹介〉
グロービス
1992年の設立来、「経営に関する『ヒト』『カネ』『チエ』の生態系を創り、社会の創造と変革を行う」ことをビジョンに掲げ、各種事業を展開している。
グロービスには以下の事業がある。(http://www.globis.co.jp)
●グロービス経営大学院
・日本語（東京、大阪、名古屋、仙台、福岡、オンライン）
・英語（東京、オンライン）
●グロービス・マネジメント・スクール
●グロービス・コーポレート・エデュケーション
（法人向け人材育成サービス／日本・上海・シンガポール・タイ）
●グロービス・キャピタル・パートナーズ（ベンチャーキャピタル事業）
●グロービス出版（出版／電子出版事業）
●「GLOBIS 知見録／ GLOBIS Insights」（オウンドメディア、スマホアプリ）

その他の事業：
●一般社団法人 G1（カンファレンス運営）
●一般財団法人 KIBOW（震災復興支援活動、社会的インパクト投資）

〈執筆者〉
溝口 聖規（みぞぐち・まさき）
グロービス経営大学院准教授。
京都大学経済学部卒業後、青山監査法人（当時）入所。公開企業の法定監査をはじめ、株式公開（IPO）支援業務、業務基幹システム導入コンサルティング業務、内部統制構築支援業務（国内／外）等のコンサルティング業務に従事。みすず監査法人（中央青山監査法人〈当時〉）、有限責任監査法人トーマツを経て、溝口公認会計士事務所を開設。現在は、管理会計、株式公開、内部統制、企業評価等に関するコンサルティング業務を中心に活動している。上場企業の社外取締役も務める。

（資格）
公認会計士（CPA）、日本証券アナリスト協会検定会員（CMA）、公認内部監査人（CIA）、地方監査会計技能士（CIPFA）

PHP
Business Shinsho

PHPビジネス新書 390

[ポケットMBA]財務諸表分析

ゼロからわかる読み方・活かし方

2018年2月1日　第1版第1刷発行
2025年5月23日　第1版第6刷発行

著　者　グロービス
発行者　永田貴之
発行所　株式会社PHP研究所
東京本部　〒135-8137　江東区豊洲5-6-52
ビジネス・教養出版部　☎03-3520-9619(編集)
普及部　☎03-3520-9630(販売)
京都本部　〒601-8411　京都市南区西九条北ノ内町11
PHP INTERFACE　https://www.php.co.jp/
装　幀　齋藤稔(株式会社ジーラム)
組　版　朝日メディアインターナショナル株式会社
印刷所
製本所　大日本印刷株式会社

©グロービス 2018 Printed in Japan

ISBN978-4-569-83749-9

※本書の無断複製(コピー・スキャン・デジタル化等)は著作権法で認められた場合を除き、禁じられています。また、本書を代行業者等に依頼してスキャンやデジタル化することは、いかなる場合でも認められておりません。
※落丁・乱丁本の場合は弊社制作管理部(☎03-3520-9626)へご連絡下さい。送料弊社負担にてお取り替えいたします。

「PHPビジネス新書」発刊にあたって

わからないことがあったら「インターネット」で何でも一発で調べられる時代。本という形でビジネスの知識を提供することに何の意味があるのか……その一つの答えとして「**血の通った実務書**」というコンセプトを提案させていただくのが本シリーズです。

経営知識やスキルといった、誰が語っても同じに思えるものでも、ビジネス界の第一線で活躍する人の語る言葉には、独特の迫力があります。そんな、「**現場を知る人が本音で語る**」知識を、ビジネスのあらゆる分野においてご提供していきたいと思っております。

本シリーズのシンボルマークは、理屈よりも実用性を重んじた古代ローマ人のイメージです。彼らが残した知識のように、本書の内容が永きにわたって皆様のビジネスのお役に立ち続けることを願っております。

二〇〇六年四月

PHP研究所